文史哲學集成

郭立誠著

郭立誠的學術論著

——藝術、醫學、人文

文史哲出版社印行

國立中央圖書館出版品預行編目資料

郭立誠的學術論著 ： 藝術. 醫學. 人文 / 郭立誠著. -- 初版. -- 臺北市 : 文史哲, 民82
面 ； 公分. -- (文史哲學集成 ; 286)
ISBN 957-547-216-0(平裝)

1. 論叢與雜著 - 民67- 年(1978-)

078 82002850

㉘⑥ 文史哲學集成

郭立誠的學術論著——藝術、醫學、人文

著者：郭立誠
出版者：文史哲出版社
登記證字號：行政院新聞局局版臺業字五三三七號
發行人：彭正雄
發行所：文史哲出版社
印刷者：文史哲出版社
台北市羅斯福路一段七十二巷四號
郵撥〇五一二八八一二彭正雄帳戶
電話：三五一一〇二八

實價新台幣三六〇元

中華民國八十二年四月初版

ISBN 957-547-216-0

自序

最初閱讀傳統醫學古籍，不過是隨意瀏覽性質，及至我動手寫中國生育禮俗考的時候，才認眞去讀那些艱深的古籍，從那些書裡找到有關生育的禁忌和迷信資料，同時也看到好多不同性質的禁忌和迷信，這些正是研究民俗的人最珍貴的資料，因此在寫完生育禮俗考以後，我仍然繼續研讀這些醫學古籍，也隨手記下可用的資料，日積月累把幾本筆記簿裡都裝滿了，我一直想分類寫幾篇論文來消化這些資料。

民國六十八年夏，偶然的機緣，我承學生書局黃新新小姐的介紹，結識了西德歌丁根大學教授羅志豪博士，他是歐洲知名的學者，當時他正在研究中國傳統醫學，他希望我幫助他收集中醫書籍以外傳統古籍裡的醫藥史資料，於是他就以唐段成式酉陽雜俎這部書爲例，談到書中的醫藥史資料，希望漸次遍及更多的書，收集更多的史料，并約定我每年提出兩篇論文，在他們的研究刊物上發表，從此我就按照約定動手工作。

同時商定收集整理完了的資料和我所寫的論文都由黃小姐轉交，如此前後經過了兩年，其後就因爲歐洲經濟不景氣，研究計劃暫停，我的工作也就停了，我爲他們寫過三、四篇論文，同時也收集了更多我自己需要的資料，這些資料正好是我協助羅博士收集時的額外收穫，由於這些額外收穫加上我以前收集的資料，使我對傳統醫藥的迷信和禁忌有更深的認識，研究的興趣更加高了，因此我們合作的計劃雖然中止，我自己的研究卻未停止，我就利用這些材料又寫了三四篇論文，後來我爲漢聲雜誌寫了傳統飲食衛生的長文，卻一直沒有發表，整理分析有關飲食宜忌問題，希望大家對此問題有比較清楚的概念和認識。

由我整理出來有關古老的醫藥迷信資料還有好多，可以分別寫出好幾篇研究報告。比如藥籤仙方和祛病送祟法，這在民間仍然有人奉行，若想根除這些迷信，首先必須認眞追尋根源，找出答案，正確釐清巫與醫的分界線，才可消除假藉民俗治療之名，助長了神棍乩童的惡勢力，這正是爲傳統醫學重振復興作斬除荆棘障礙的工作，同時研究傳統迷信和禁忌也是研究民俗學者的分內之事，今天整理這幾篇論文結集刊行，並不是我的研究工作已然結束，今後我還會一方面運用已收集的資料，一方面再收集更多的資料，將這個工作繼續下去的。

七十八年歲暮

郭立誠的學術論著 目次

——藝術、醫學、人文

丙、人文

甲、藝術

贈禮畫研究

一、緒言：宋代君臣與士大夫之間常用書畫作爲餽贈禮物，藉以表達情愫，聯絡感情，這個方式一直到淸末民初才逐漸式微；由於用書畫作禮品，因此直接增進了生活情趣，間接也促進了藝術發展，開拓了更廣大的作畫領域，但也產生了很大的負面作用，這是不容忽視的史實。

本人前幾年曾致力於明嚴嵩籍沒財產目錄天水冰山錄研究，當時曾對所著錄的贈禮畫加以研究，寫過一篇論文，後又進而研究此一禮俗的源起及影響，才著手收集更多資料作更深入的研討，唯本人既非畫家，又非藝術史研究者，純就此一特有禮俗及史實作爲研究目標，有關畫藝及藝術史則不涉及，以免誤謬，貽笑大方。

二、贈禮畫名稱的由來

以畫作奉獻餽贈禮品的行動，五代時即已開始，北宋以後日益普遍，但贈禮畫名稱直到清代才由翟灝通俗編提出來。

宣和畫譜卷三介紹蜀人張素卿：

「張素卿簡州人也，少孤貧，作道士，好畫道像……其後作十二眞君像，各寫其賣卜、貨丹、書符，導引之意，人稱其妙，安思謙因僞蜀主王氏誕辰獻之，命歐陽炯作讚，黃居寶以八分寫之……」——商務本八八頁。

由這段紀錄告訴我們兩件事：一、用畫作祝壽禮品，五代時已然開始。二、祝壽畫題材用神仙故事，即所以祝長生也，後代用壽星或麻姑亦不外斯意。北宋時代即沿襲此習俗而日益風行，例如蘇軾東坡集內即有「生日蒙劉景文以古畫松鶴爲壽，且貺嘉篇，次韻爲謝」詩，後由祝壽推廣到其他交際行爲，當依次詳述於後。

清翟灝通俗編卷八嚴氏書畫記條：

「嚴氏書畫記有馬麟福祿壽圖，盛子昭三星拱壽圖，各名筆畫八仙慶壽圖……等圖按古之珍圖悉取鑒戒，畫史所傳惟輕車迅邁，春龍起蟄之類略寓頌揚，宋元以前未聞有是，知鄙俚名目見於品論，可知此類並起明季，惟嚴嵩之權貴，而涉意書畫，一時士夫遂借以獻諛也，王鏊震澤編言夏原吉誕辰，宣宗親繪壽星圖以賜，蓋繪畫祝壽之事，明世盛行，嚴氏所藏亦大槩祝壽物耳」——世界本八八頁。

翟氏這段話實在犯了很大的錯誤，可說他既不懂美術史，也沒詳考史實，其實用畫祝壽的習俗始於五代，北宋時即已盛行，宋人筆記如朱彧可談有很詳細的記載，而且用書畫獻諛權臣的行爲，宋人早已行之，韓侂胄賈似道家中都廣有收藏，這些名畫古玩不是鑽營行賄的工具，就是門客走狗替他們巧取豪奪來的，不同的是韓賈兩家沒有留下完備的收藏目錄，嚴嵩收藏卻有完整的目錄留傳至今，足資考証而已；嚴氏的收藏經過文嘉的查檢，選出精品多件，寫了一篇鈐山堂書畫記，這篇鈐山堂書畫記雖然篇幅不大，卻對每件書畫都有簡短的評介，說明它的特徵及流傳的掌故，這對研究美術史的人眞是必讀之書，文氏沒有紀錄的書畫數量比他紀錄下來的多了七八倍（按文氏所著錄的書畫共有四百三十件，天水冰山錄裡記載籍沒嚴氏書畫共有三千二百零一件），這兩千多件沒有列入鈐山堂書畫記的書畫難道全是沒有價值的祝壽禮品嗎？翟灝這段話雖然犯了很大的錯誤，卻是他首先注意到用畫作贈禮的事實。

三、用繪畫作爲交際餽贈禮品，最初用於祝壽，其後應用範圍日益擴張，但仍以祝賀爲主，始終未曾及於凶事，因此繪畫題材也以吉利祥和爲主，從未有以感傷悲戚題材繪製贈禮畫者，此一限制間接影響到職業畫家作畫的範圍，同時也促進了吉祥圖案的發展，以後當再詳加研討。今據前人記載研究以繪畫作餽贈禮物，由祝壽而逐漸推展到其他交際行爲上，今依次分述之：

甲、祝壽：贈畫祝壽，北宋時已然成爲通行禮俗，朱彧萍洲可談裡有一段紀錄，講的就是用壽星圖祝賀所引發的笑話：

「近世長吏生日，僚佐畫壽星爲獻，例只受文字，其畫卻回，但爲禮數而已，王安禮自執政出知舒州，生日屬吏爲壽，或無壽星畫者，但有他畫軸紅錦囊緘之，謂必退回，王忽令盡啓封掛畫於廳事，標所獻人名銜於其下，良久引客爇香共相瞻禮，其間無壽星者，或用佛像或鬼神，唯一兵官乃崔白畫二貓，既至前慚懼失措……」——商務本十一頁。

由這段記錄知道北宋官吏爲長官祝壽的禮品，除了壽星圖還有「文字」，所謂「文字」必是壽詩壽序之類，照例只收下「文字」，退回壽星圖，這個「約定俗成」的例子必然流行已久，王安禮的手下才放心大膽，用其他畫軸裝在錦囊裡，希圖敷衍過去，沒想到竟自出了意外，才鬧出這個笑話來的。其實祝壽畫的題材并不限定壽星一種，其他如松鶴、神仙、仙女，歷史故事等都無不可。

例如蘇軾東坡集就有「生日，劉景文以古畫松鶴爲壽，且貺嘉篇，次韻爲謝」詩（見蘇東坡全集後集卷三。——世界本四八六頁。）

又如明都穆寓意編著錄陳惟允仙女圖，青綠，有倪雲林跋，相傳乃惟允以壽潘左丞者，左丞張士誠妹婿，惟允時爲張氏參謀，且左丞客也」——學海類編本四九九二頁。

又清褚人穫堅瓠五集卷四有「宋錢勰待制尹府日，遇生日僚屬盡以烏龜、白鶴爲獻，用表祝壽之意，獨楊次公（傑）以老子出關圖，題詩云私藏函谷關中子，將獻蓬萊閣上仙，願得鬚眉如此老，卻教龜鶴羨長年，錢大喜」

又清錢泳履園叢話卷十一「黃鉞號左田，蕪湖人，乾隆乙卯進士，今官戶部尚書……先太安人九十壽誕，尙書爲作金萱圖，眞是白陽山人矣……」——大立本展園叢話卷十一。

由以上幾個例証就可看出祝壽畫題材日益加多，吉祥圖案從此也就日益發展乃是不爭的事實。

乙、除了用畫祝壽，遇到其他喜慶事，漸漸也有人用畫祝賀，例如清孫承澤庚子銷夏記卷三有「余見雲林徐卿二子圖，畫竹二枝，爲有斐堂主人賀生子，韻甚」，這是用畫祝賀友人生子的；又清徐錫麟熙朝新語卷十六「乾隆甲辰歲潘世榮（樹庭）與其弟世恩（芸軒）同遊於庠，梅溪居士爲作棣蕚聯芳圖賀之」，這是用畫祝賀金榜題名的，按梅溪居士即清錢泳。還有用畫給女兒作嫁粧的，父親是書畫名家，將自己的作品給女兒作嫁粧，就會被人稱贊爲韻事，買他人的畫給女兒作嫁妝的，也是有的，不過不在行的家長也不懂得欣賞選擇，只是買些當時流行的作品而已。宋米芾畫學曾譏笑趙昌、王友，說他們：「如無才而善佞士，初甚可惡，終亦憐而收錄，裝堂嫁女亦不棄」（見美術叢書二集第一輯九〇頁），這話未免失之過苛了；又清人有在金榜題名之後才回籍完婚，所謂「大登科後小登科」，正是少年科第的得意事，多請人畫「玉堂歸娶圖」，遍請名人題詠，這也是當年讀書人艷羡的韻事。——（例如熙朝新語卷三即記康熙時史貽直玉堂歸娶圖事）

丙、餞行用畫：唐人送行折柳賦詩、或贈之以言，如韓愈送孟東野序，送李愿歸盤谷序乃是韓文名作，熟習八大家文者大都讀過，不必多談；到了宋代除了撰文贈序，以誌離情，也有人以畫餞別的，例如宋張世南游宦紀聞卷九有一段記載是：

「……世南近於三山邵齋，獲觀龍眠所作奉節圖，後題景文老兄持節守大名，從迓吏以訪別……戲作奉節圖，以見分首之拳拳……元祐坤成節日，龍眠山中人李公麟書」——木鐸本七六頁。

又如清阮元石渠隨筆卷五著錄有「本沈周高賢餞別圖」，詳介此圖畫面云：

「圖為餞錢唐于孟功入都作，圖畫于孟功候於門，來者祝枝山，徐天全，袁補之、王西室、袁胥臺、文衡山、沈石田、吳匏庵、彭龍池、唐六如、朱存理、楊南峰、都南濠、蔡林屋每人各有楷書標名，末款十四名公象，長洲沈周畫，其象祝枝山高額豐頤鬚至胸，耳下亦有鬚；沈石田面寬，高顴削頤，鬚不甚長；吳匏庵面大而豐，耳鬚連頷，頷下鬚長過胸腹，極胖，鞶廓落帶，以手捧之，唐六如面上圓下纖，眉目微堅，高準三絡微鬚……」——新興筆記小說大觀本五一九四頁。

這幅高賢餞別圖顯然和李龍眠所畫奉節圖不同，沈石田在畫末畫出送行者十四人的象，大有現代人合影留念的意味，這也說明贈禮畫除了表達情意還有實際應用的功能。

丁、表示同情慰問：例如宋岳珂桯史卷十一有一段故事是：

「黨禍既起，山谷居黔，有以屏圖遺之者，繪雙蝶翩舞，罥於蛛絲而墜，蟻憧憧其間，題六言於上曰胡蝶雙飛得意，偶然畢命網羅，群蟻爭收墜翼，策勛歸去南柯，崇寧間又遷於宜，圖偶為人攜入京，鬻於相國寺肆，蔡客得之，以示元長，元長大怒，將指為怨望，重其貶，會以訃奏僅免……」——（新興筆記小說大觀本續集二一六三頁）。

這段紀錄是南宋人追記北宋的事，大約得自傳聞，所以沒有明確的記載贈畫的人和此屏圖的繪畫人為誰，不過根據宋人軼事彙編卷十和卷十三都講到北宋時有一位專畫草蟲的雍秀才，他用草蟲譏當時用事者：

「宋雍秀才畫草蟲，每一物譏當時用事者，一蝸升高不知疲，竟作黏壁，以比安石」——卷十

「雍秀才畫草蟲，以鬼蝫為章惇……」——卷十三。

黃山谷得到的這個屏圖，說不定竟是那位雍秀才的作品，從另一角度來看，雍秀才可能是我國政治漫畫的開山祖師呢？

戊、干謁用：熱中仕進的人必然會干謁權門，希望打開升遷的捷徑，就是文起八代之衰的韓愈也有三上宰相書，後來除了寫文章干謁，也有獻圖畫的，例如清褚人穫堅瓠首集卷一：

「一人以十八學士卷，獻豪貴，甚賞之，許以百金，及閱畫中人，止得十七人，卻還之，其人卷泣於途，遇白玉蟾問以故，玉蟾舉筆題其上曰臺閣崢嶸倚碧空，登瀛學士久遺蹤，丹青想出忠良手，不畫當年許敬宗，詩字皆佳仍獲百金」——新興本筆記小說大觀續編三三四三頁。

這段記載雖燃沒有明確寫出時代和人名，但由這段記載仍可推測出一些線索，一、白玉蟾本是南宋末有名的詩人，宋亡，他寄蹤於道流，相傳他已仙去，這段遇仙故事該是在元明兩

代，二由「豪貴許以百金」這段話來看這不是單純的干謁，而是明代山人清客遊於豪貴之門，干謁兼作「打秋風」的勾當，三據宣和畫譜和汪氏珊瑚網記載唐閻立本畫十八學圖乃奉詔之作，後代摹仿之作頗多，由於這個圖的故事可以用來頌揚所干謁的豪貴，得君寵信列身清貴，藉古諛今的原故。

巳、譏諷用：清阮元石渠隨筆卷五著錄明姚綬畫寒林鴝鵒圖一軸，上面有高江村（士奇）和朱竹垞（彝尊）題跋兩段，這兩段題跋互相譏諷，文辭之間流露出文人相輕心情，高江村先題了兩首詩，然後是一段跋：

> 鴝鵒無言立晚風，孤村竹樹自成叢，不知鎖向雕籠者，得似寒山野水中？野港菱灣起柁風，往來不離稻花叢，茂林茅屋棲遲慣，忘卻多年值禁中。款云朱竹垞同年以此贈予生日，昔日與竹垞同直南書房，每有江湖之思，今共在寒山野水中矣，因和雲東詩於左，并索竹垞題句。時康熙癸酉秋九月廿一日書於柘西之簡靜齋。竹垞題云雲東三絕有唐風，記得山禽占竹叢，誰分偶然題句在，兩人心會不言中。款云余既以雲東逸史畫贈江村，題識仍索余和，後世有孟棨，計有功見之，當爲我二人紀其事矣。幅內御題云鴝鵒何曾畏北風，雕籠常鎖海棠叢，竹窗既有江湖思，底事頻懷玉禁中，臣謹案彝尊後與士奇志趣不合，觀此題句可見其人，讀御題益曉然矣」——筆記小說大觀本五一九四頁。

按康熙癸酉爲康熙三十二年，那時候高士奇因被御史郭琇疏劾，已於康熙二十八年與王鴻緒等都奉旨休致回籍；朱彝尊則因私帶小胥錄四方經進書事，爲學士牛鈕所劾降級，也在二十九年乞假歸，兩人都在宦途失意時，想起從前恩怨，免不了要互相譏諷一番了。

乾隆邢首詩沒有批評朱彝尊，對高士奇卻不免諷刺一番，因爲清代人對高士奇都視之爲倖臣，邪佞，在許嗣茅緒南隨筆裡就講朱竹垞失寵，由高士奇所搆（見鄧之奇骨董瑣記卷二）這就是很好的証據。

除了以上各種情況，用書畫作餽贈禮品外，歷代君主也把書畫賜給臣下的，書畫多是君主自己寫的畫的，意在展示自己在日理萬機之餘，仍有餘力寄情風雅，例如宋徽宗好繪畫，就有多次賜畫給近臣，明宣宗曾繪壽星圖爲夏原吉祝壽；清人筆記如王士禎，高士奇的筆記裡都曾記載皇帝賞賜御筆對聯條幅的事，又清宮每值歲暮皇帝都親書福字分賜御前諸臣，後來竟成了宮中傳統，一直未改。也有皇帝將宮中收藏的古畫賜給臣下，例如宋眞宗曾將唐周昉所畫的袁安臥雪圖賜給丁謂，宋人筆記如澠水燕談錄，湘山野錄，春明退朝錄都有記載，這是因爲丁謂是邪佞倖臣，當時人才對他的事特別注意的；明嚴嵩財產籍沒之後，唐宋書畫名蹟沒入禁中，隆慶時取出以充武官歲祿，每卷軸折價不盈數緡，就連唐宋名蹟也是如此，因此鈐山堂收藏紛紛流入民間，此事見於明沈德符野獲編卷八。時到今日這些事都隨帝王專制時代告終而絕跡。

四、贈禮畫作者研討

用畫作禮品的習俗自宋代逐漸普遍以後，「畫」的需求量自然日見加多，供應「畫」的生產者就是職業畫家，古時候雖然沒有「畫廊」和拍賣場專作買賣書畫的生意，卻有廟市，古董店，裱畫店，南紙鋪作這項生意，例如北宋汴梁大相國寺殿後資聖門前皆書籍玩好圖畫（見東京夢華錄卷三），明代北京城隍廟市集也是如此，（見劉侗帝京景物略卷四），清代到民國以來，新年期間琉璃廠廠甸畫棚都有大量字畫古董交易，請問這些畫是從那裡來的？當然是職業畫家供應的，習慣上通常都是用間接方式完成交易，古董店多半只售古畫，裱畫店代人裝池，也兼營買賣，南紙店則推出潤例，代爲收件，例如北平最有名的榮寶齋就專門中介畫家、書家、治印、雕扇骨各名家，替他們服務，作生意。

贈禮畫除了少數名畫家爲至親好友親自揮毫作爲贈品外，想要用畫作禮品，只有請人介紹畫家，代爲繪製，再不就是購買成品，畫家藉此，固可以糊口維生，名畫家以畫起家致富的人也不在少數；若再研究古今畫家經濟狀況，其間眞有天壤之別，君主時代，少數幸運畫家作了宮庭的畫院供奉，他們工作比較淸閒，又有固定俸祿，雖然是芝麻大的小官，不論社會地位，經濟狀況都算是優裕的；其次貴豪門家中寄食的畫士，他們和琴士、棋士一樣都是豪門的淸客，都希望這些達官貴人替他們吹噓捧場，提高聲價成爲名畫家，能夠名利雙收。另外也有少數狷介之士，不樂仕進，只有靠賣畫維生，所謂「閒來寫幅青山賣，不使人間造孽錢」，但不論那一類型職業畫家共同感到無奈的就是「逸品不入俗人眼，多買胭脂畫牡丹」，爲了糊口，不得不配合市場需求，去畫些通俗的商品畫了。

此外還有另外一群職業畫家，他們同樣是靠作畫，賺錢養家活口，卻得不到尊敬，也沒人承認他們是畫家，只認爲他們是耍手藝的工匠，他們的作品是庸俗的「匠畫」，這些職業畫家之中，地位稍高的是人像畫家，古代稱之爲「寫貌」他替活人畫「行樂圖」，替死人傳影，也替仙佛畫像賣給信徒們去供奉，再有畫紗燈的，畫扇面的，他們除了畫紗燈畫扇面，也替畫店畫四條幅，中堂、橫披等等供應市場，作爲茶樓酒店裝飾店面之用，因爲宋人記風土的書如東京夢華錄，夢粱錄都已講過汴梁和臨安的酒樓茶店家家都是「壁懸名畫，瓶插時花」的，後代也沿此風習未廢，既然有那麼多的店鋪需要大量的畫，當然有職業畫家作畫，供應市場，職業畫家是那些人呢？宋米芾畫學裡曾有些紀錄：

「趙昌、王友，鐔黌輩得之可遮壁，無不爲少，程坦、崔白，侯封、馬賁、張自方之流皆能污壁，茶坊酒店可與周越仲翼草書同掛，不入吾曹議論……」——美術叢書本二集第一輯九〇頁。

元湯垕古今畫鑑也談到程坦：

「程坦，元章時人，善雜畫，往往見之，張受益收松竹障八幅，如人物甚俗，城南李氏收鍾馗小妹二幀甚惡，元章謂程坦能污茶坊酒壁者，此論甚是」——學海類編本四九八六頁

宋人不但茶樓酒館要挂名畫，插時花，還出現了專業人員專門作這項服務工作，稱之爲「四司六局」，其中「排辦局」專掌挂畫插花，掃灑，打渲、拭抹、供過之事，當時諺語說「燒香點茶，挂畫插花，四般閑事，不許戾家」（見古亭本耐得翁都城紀勝九五頁），可見

宋人已然有了「室內裝飾」這個行業了。

一位職業畫家的收入如何，要取決於他知名度的大小，前代畫家賣畫的收入，資料過於零散，不易收集，又古今物價不同，後代人對古人賣畫的收入，不易衡量其厚薄，因此我決定選清末一位有名的職業畫家任伯年爲例，因爲有關他的史料相當多，整理出來，作個概括的記述：

從王韜瀛壖雜記（卷五）黃協塤淞南夢影錄和葛元煕的滬游雜記都談到這位畫家，寫得最詳細的就是淞南夢影錄：

「各省書畫家以技鳴滬上者不下百餘人，其尤著者如錢吉生，任阜長，伯年、張志瀛之人物，伯年亦善寫照，用沒骨法分點面目，遠視之奕奕如生，唯自秘其技，不輕易揮毫耳。」——新興本筆記小說大觀

後來就推陳定山的春申舊聞，他用生動的筆描繪這位畫家每天到上海城隍廟裡的茶館裡觀察客人們懸挂廊下的各類鳴禽，詳細看牠們的生態，也有茶館裡三教九流的客人，有時候他會即席寫生，就此打下他繪畫技巧的深厚基礎，陳氏也講到他和吳昌碩結識的經過以及任太太用掃帚趕走吳昌碩，生怕他妨礙任伯年作畫，就是擋她家財路的趣聞，但都沒詳細分析他的畫有何特點，只有台北藝文印書館刊行的藝文叢輯第二輯裡有三篇文章專談任伯年的畫風和特徵，三篇的作者是程十髮的「陳老蓮與任伯年」，玉平的「傳神妙手任伯年」和百劍堂主的「試談任伯年」，綜合三篇文章歸納出任伯年的畫風和特點，也就是一位職業畫家應

該具備這些特長，才能長期掌握市場，受到顧客們的喜愛。

一、「他勇於描寫現實，喜歡畫平民生活，如畫推車漢，放牧人，玩猴戲的，送炭的，甚至他畫的送子觀音也不是神化而是人化，很像是他故鄉紹興農村中常見的婦女「——程十髮藝文叢輯第二輯九五頁。

二、「通俗的畫材，通俗的畫意，筆墨活潑圓熟，境界人所共曉，我覺得這就是任伯年的特長……因爲畫材通俗，畫意也通俗，所以一般人易於接受，他的畫作也受到一般人的歡迎。」——百劍堂主藝文叢輯，第二輯一〇一頁。

三、「爲什麼說任伯年的畫意也是通俗的呢？……他老實的直接的以畫面所有的東西去贏得觀衆，而不倚靠那些所謂言外之意，絃外之音，他的作品沒有文人畫的氣習……」——同書一〇二。

四、「他以常情看常物，用常物娛常情，這就是他成功的地方……在他的畫作中，很少見有悲苦的題材，原因之一，可能是他考慮到一般人不喜歡悲苦的題材，而喜歡歡樂的、愉快的、吉利的，而他又是以賣畫爲生的，就不能不有所選擇……」——同書一〇二。

由這三篇文章的說法合起來剛好說出一位職業畫家應該具備的條件，個人也不必再囉嗦，至於職業畫家賣畫所入，實在不易計算，但陳定山春申舊聞曾講過任伯年最初畫的一個扇面只收釔銀毫四角，只是出手快，幾十個扇面傾刻而就，可見由於多產，收入當然也很可觀了。

五、贈禮畫題材的分析

贈禮畫既以祝賀爲目的，題材自然以吉利爲主，就題材來分析，可分爲三類：一、吉祥圖案：松鶴藉以祝壽，瓜瓞綿綿用以祝賀新婚之類。二、神仙故事，南極壽星，麻姑採芝等藉神仙故事以祝長生不老。三、歷史故事，我們歷史悠久，有無數史事可以藉古比今，以盡善頌善禱之意；此外另外有雜畫一類，所謂雜畫也就是米海嶽畫史所說的時畫，雜畫題材廣泛，凡不能列入前三類者都歸入此項。

自宋代用畫作爲餽贈禮品以來，贈禮畫使用的範圍日益廣大，贈禮畫題材的開發也日益加多，間接也影響到刺繡、緙絲、磁器、紡織品以及木器普遍使用這些畫材；又由於上行下效，這些贈禮畫畫材被版畫家們應用到民間版畫上，刷印出大量的物美價廉的版畫，也豐富了一般小市民的生活情趣，這也是不可忽視的事實。

宋代韓侂胄，賈似道家中都廣有收藏，大多數是那些鑽營走門路的小人們奉獻的，可惜都沒有完整的收藏目錄留傳下來，只有明代籍沒嚴嵩財產的總目錄天水冰山錄才完整的紀錄下嚴家收藏的全部書帖字畫，因此想要研究贈禮畫題材，只有利用天水冰山錄裡豐富的資料了，可惜的是這份紀錄是當時參與查抄工作的官吏們記下來，拉雜零亂沒有條理，使用時殊爲不便，倒是汪珂玉的珊瑚網畫據將這個目錄有關畫品部分整理過一番，按照畫家年代和畫品類別依序列出，這對研究的人的確是最佳的服務，因此我就根據汪氏，整理出來的畫品目錄，列表分析之。

表：分宜嚴氏畫品挂軸目（嘉靖四十四年籍沒）

畫家姓名及年代	畫名	題材類別	備註
唐吳道子	南岳圖	神仙釋道	
同前	水月觀音	神仙釋道	
唐李思訓	仙山樓閣	神仙釋道	
同前	游仙圖	神仙釋道	
唐李昭道	金碧山水	山水	
同前	圓光小景	山水	
同前	九成宮避暑圖	山水	
唐閻立本	瀛洲學士	人物	（八軸）
唐王維	輞川雪溪圖	山水	（三軸）
同前	圓光小景	山水	（二軸）
唐周昉	楊妃出浴圖	仕女	
唐江都王緒	唐馬	畜獸	

唐戴嵩	牛圖	畜獸	
唐東丹王	雙騎圖	畜獸	
晚唐荆浩	山水	山水	
晚唐關仝	山水	山水	
五代黃筌	宮娥望幸圖	仕女	
同前	金盆浴鴿圖	花鳥	二軸
同前	彩鳩玉兔圖	花鳥	二軸
同前	花下雞群翎毛	花鳥	六軸
五代支仲元	人物	人物	二軸
唐人	阿房宮圖	宮室	
唐人	駟馬封候圖	吉祥圖案	
宋徽宗	烟靄秋淺圖	山水	
同前	秋鷹圖	花鳥	
同前	題鷹幷牡丹	花鳥	二軸
同前	各色翎毛	花鳥	六軸
宋高宗	御圖幷題	？	
同前	題王仲珪梅	花卉	

宋周文矩	文會圖	人物	
宋董源	山水	山水	二軸
宋范寬	晚景圖	山水	
宋李成	雪景	山水	
同前	古木林泉圖	山水	二軸
宋郭熙	古木寒泉等圖	山水	共十一軸
宋楊暉	梅花	花卉	
宋徐熙	紅白山茶	花卉	
宋許道寧	山水	山水	二軸
同前	斗方小景	山水	三軸
宋趙昌	斗方小景	花卉	四軸
同前	圓光小景	花卉	
宋崔白	滿池嬌（八軸）	花卉	按「滿地嬌」自宋以來流行未歇。首飾、磁器、刺繡皆用之。
同前	各色翎毛	花鳥	十六軸
宋崔慤	梅花鸂鶒	花鳥	
同前	雪兔圖	畜獸	

宋易元吉	竹鹿獐圖	畜獸	二軸
宋李伯時	蓮社圖	人物	歷史故事
同前	袁安臥雪圖	人物	歷史故事
同前	竹林雅集圖	人物	歷史故事
同前	西園雅集圖并山水	人物、山水	二軸
宋文與可	竹圖	竹	二軸
宋蘇東坡	墨竹	竹	
宋米芾	春山烟曉	山水	
同前	春山雨露	山水	
同前	人物山水	山水	十三軸
宋趙千里	山水、陰符	山水	五軸「陰符」？
同前	圓光小景	山水	二軸
宋趙大年	山水	山水	六軸
同前	翎毛	翎毛	
宋趙伯驌	雙清圖	山水	
宋蘇漢臣	金母臨宴	神仙釋道	
同前	龍女獻珠	神仙釋道	

同前	水鉢降龍	神仙釋道	
同前	仕女圖	仕女	四軸
同前	嬰戲貨郎	人物（八軸）	市井人物畫，亦即所謂雜畫、
宋逃禪老人	梅竹	花卉	即宋楊无咎
宋馬和之	山水	山水	
宋陳容	畫龍	龍魚	四軸
宋李唐	問禮圖	人物	歷史故事
同前	放牧圖	人物	
同前	雪塢幽居	山水	
同前	擊桐圖	人物、	
同前	四景、人物、山水	人物、山水	共十一軸
宋李迪	宣父像	人物	
同前	花鳥	花鳥	十二軸
宋李嵩	金谷圖幷樓閣圖	宮室	二軸
同前	士農工商圖	人物雜畫	即市民生活、取材與蘇漢臣同調，四條幅模式
宋馬遠	參禪幷高士圖	人物	三軸

同前	三仙、傳道、壽星圖	神仙釋道	
同前	淵明賞菊	人物	歷史故事
同前	和靖觀梅	人物	歷史故事
同前	春溪晚泛	山水	
同前	捕魚圖	人物	
同前	月明千里故人來句圖	人物	
同前	墨梅幷番馬	花卉、番馬	三軸
同前	山水人物	山水、人物	共二十八軸
同前	翎毛	翎毛	計九軸
宋劉松年	竹居文會圖	人物	
同前	雪江獨釣圖	山水	
同前	烟雨圖	山水	
同前	圓光小景	山水	
同前	風、晴、雨雪	山水	四軸、又一四條幅模式
同前	山水、人物	山水、人物	共二十七軸
宋夏珪	仙槎翫月夜景圖	山水	
同前	烟村歸棹圖	山水	

同前	丹霞訪霽照圖	山水	
同前	山水人物	山水、人物	共二十軸
宋王定國	吐綬雞	翎毛	
宋吳炳	翎毛	翎毛	四軸
宋林椿	牡丹	花卉	四軸
宋馬麟	山水	山水	四軸
同前	梅花并山茶	花卉	二軸
同前	福祿壽圖	神仙釋道	
同前	羊圖	畜獸	
宋劉輝	美人圖	仕女	
宋毛益	翎毛	翎毛	二軸
宋閻穀	繡鷹	翎毛	
同前	祐陵題圖	人物	（祐陵？宋徽宗乎？）
宋劉立本	仙圖	神仙釋道	
同前	葛稚川移居圖	人物	
宋人無名氏	大士并仙圖	神仙釋道	二軸
同前	文昌并三官像	神仙釋道	二軸

同前	北斗降金橋	神仙釋道	
同前	文王遇太公	人物	歷史故事
同前	關武安、鍾馗像	神仙釋道	二軸（關羽封號爲義勇武安王）
同前	七賢并十八學士	人物	五軸
同前	蹴踘并嬰戲圖	人物	六軸
同前	驪山望幸圖	人物	
宋人無名氏	採蓮船小橫披	山水	
同前	江雪罾漁圖	山水	
同前	樓觀山水	山水	
同前	樓臺詩景	宮室	
同前	楓石并蒼石圖	窠石	共三軸
同前	蘆雁并踏雪圖	花鳥	三軸
同前	三白海青并孔雀	禽鳥	三軸
同前	白鷴牡丹	花鳥	二軸
同前	花草并壽意	花卉	七軸
元、趙子昂	觀意并美人圖	人物、仙佛	四軸
同前	高士圖并墨竹	人物及竹	二軸

同前	秋原較獵	人物	
同前	漁舟問答	人物	
同前	人物、山水	人物、山水	共二十三軸
同前	唐馬幷翎毛	馬、翎毛	十軸
同前	松鹿幷牛圖	走獸	二軸
同前	魚圖	龍魚	
元管夫人	秋冬山水	山水	二軸
同前	翎毛	翎毛	二軸
元趙仲穆	山水、人物	山水、人物	一軸
同前	唐馬	走獸	四軸
元趙雄	馬圖	走獸	
元錢舜舉	竹兔花草	花卉、畜獸	六軸
元李息齋	墨竹	竹	六軸
元高房山	樓閣山水	宮室山水	二軸
同前	西湖圖幷松石	山水、窠石	二軸
同前	煥章閣山水	宮室山水	二軸
同前	青綠樓臺	界畫宮室	

同前	壽意		二軸
同前	三仙圖	神仙釋道	
同前	嬰戲圖	人物	五軸
同前	鸜鵒斗方	禽鳥	
元班恕齊	壽松圖	壽意	二軸
元王廷吉	山水	山水	
元沈倆士	山水	山水	
元孫君澤	界畫山水幷蒼松	界畫及古木	五軸
同前	買臣樵圖	人物	歷史故事
元劉耀卿	松閣圖	宮室	四軸
同前	山水幷春冬景	山水	六軸
同前	列子御風	人物	歷史人物
元唐子華	神品	？	
同前	捕魚圖	人物	
元張可觀	山水、人物	山水、人物	六軸
元王若水	菊花竹石	花卉	
同前	桃竹錦雞翎毛	花鳥	共二十八軸

元王元章	雪梅圖	花卉	
同前	翎毛	翎毛	二軸
元熊芝山	雙松平遠圖	山水	
元吳仲圭	漁父圖	人物	
同前	雙松古石圖	窠石	
同前	竹石	窠石	
元盛子昭	崆峒問道	神仙釋道	
同前	三星拱壽、文昌圖	神仙釋道	
同前	羲之觀鵝	人物	歷史故事
同前	唐王出獵圖	人物	
同前	愛山幷採芝圖	人物	二軸
同前	杏花讀書圖	人物	
同前	觀蓮採菱圖	人物	
同前	觀書撫琴圖	人物	
同前	關山霽雪圖	山水	
元胡廷暉	濟川圖	人物	
同前	班姬團扇圖	仕女	

同前	題宋太祖蹴踘圖	人物	歷史故事
元胡直	二仙傳道	神仙釋道	
元李居恭	山水	山水	
元彭玄明	雪圖	山水	
元韓承	花木	花卉	二軸
元黃子久	天池石壁	山水	
元倪雲林	竹石圖		
元王叔明	秋壑鳴琴	山水	
同前	秋水樓閣	山水	
同前	溪山獨釣	山水	
元溫日觀	葡萄	花果	
元半陶老人	萬竿烟雨	竹	半陶老人？
元無名氏	南極長生壽意	神仙釋道	
無名氏	昭君出塞圖	仕女	民間傳說
同前	一秤金百子圖	嬰童	「一秤金」之說見西遊記。又磁器亦有一秤金娃娃
同前	英雄不老翎毛	翎毛	吉祥圖案（二十八軸）

同前	八仙慶壽	神仙釋道	
同前	達摩祖師幷羅漢	道釋	
同前	公侯食祿		
同前	公子挾彈	人物	
同前	貨郎擔	人物	市井生活
同前	風雨歸舟	山水	

以下明人作品部分從略，綜合以上畫目觀之，作畫題材日見加多，元人有一秤金，鍾馗嫁妹，天聖伏妖，小聖伐魔，明王謬則有王月英元夜留鞵圖，民間傳說，戲曲小說都可入畫，可見這些位畫家是多麼接近大眾了。

六、贈禮畫的負面作用

用繪畫作餽贈禮品雖是一種高雅習俗，卻也產生了很大的負面作用，就是人們用贈畫作爲賄賂，鑽營，干謁的媒介，既避免直接用金錢財物行賄鑽營，惹人注意，過於招搖，又可使受者藉風雅之名作受賄之實，不致有損名譽，因此自宋以來高官顯宦家中都廣有收藏，官愈高在位愈久，收藏也愈豐富，請問這些收藏是從那裡來？答案是多年收集來的，若再仔細計算那些收藏，每件都價值不菲，合起來那些珍品眞是價值連城，一位清官廉吏就是久宦多年．也買不起這些珍品，大都是別人珍貴的餽贈，自然就無法拒絕別人的請求了。

近人王素存所著「閒話玩古」對這件事有深入的分析，眞是看透世情世態，才能有此銳利的觀察和分析：

「古今顯要官家，不論其人爲貪污、清廉、高雅、鄙俗無一沒有古物，官愈做得久，古物積得愈多，多到可以開古物店，不是奇事，但顯要買古物的事卻少有所聞，古物商也少進出顯要官家，然則顯要官家的古物從何而來，答案是爲求官謀事者所送，送貪污顯要官是以物代錢，答案是爲求官謀事者所送，送貪污顯要是官是以物代錢，所值若干，彼此心裡有數；送清廉顯要官，受錢是貪污，有玷清白，受古物則無傷大雅，既送即收；送高雅顯要官，秉性高雅，定喜古物，投其所好，自是歡迎不暇，必然受而不拒；送鄙俗顯要官，雖於古物不懂欣賞，但是對古物價值，總會有些耳聞的，古物即錢，誰不愛錢，自然不會推辭了」——閒話玩古（視聽教育出版社本第九頁）

用古玩字畫作行賄的工具，這等於爲行賄開了一條捷徑，卻是弄壞吏治，敗壞政風的禍首，還有凡是顯要高官的門下總有許多門客幫閒迎合他們的心意，爲他們奔走效力，只要大官示意自已喜歡什麼，這些人就會千方百計，無論用什麼辦法，也要把東西弄到手，回來好向主子邀功獻媚，在外面使勢欺人，強買橫奪，甚至搞得對方家破人亡，也在所不惜，古人說「匹夫無罪，懷璧其罪」，這句話眞是千古名言，令人深省。前人的筆記裡就有許多因家傳寶物而惹禍招災的故事，歷史上號稱明君的唐太宗，爲了取得蘭亭眞蹟，都曾派蕭翼下江南騙取辨才老和尚珍藏的眞蹟，何況一些貪財愛寶的達官顯宦？例如宋代的韓侂胄，賈似道家中都藏有大批古玩字畫，韓氏的閱古堂的書畫都由向若水鑑定（見研北雜志），賈似道悅生堂的收藏都由廖群玉辨驗，嚴嵩鈐山堂的收藏多由湯臣鑑定，這三家後來都因主人冰山傾倒，家財被籍沒，大家才知道他們巧取豪奪的劣行；其實這些達官貴人就是一生仕途平穩，能夠安享天年，他們的收藏也不一定能夠子孫世守，若家世敗落，子孫不肖將先人的珍藏書畫盜賣，再度流到民間的事也不在少數，今天我們看到名帖，古畫上面留下許多收藏印，固可以藉此了解它留傳的過程和歷史，卻也使人對古代那些貪婪痴心，不擇手段去攘奪他人珍藏的人感到可憐可嘆，既要笑他們的貪痴，也不禁使人想到「貨悖而入者亦悖而出」的古訓，眞是天道好還疏而不漏。

七、結論

贈禮畫與文人畫家抒寫個情懷的純藝術品不同，此類畫作具有商品性質，既是商品當然要迎合消費者心理，所以題材都以歡樂，愉悅、充滿溫情者爲主，後來以畫作爲贈禮的習俗漸普及於民間，於是也推展了庶民藝術欣賞領域和通俗畫的發展。

根據汪氏珊瑚網所收分宜嚴氏畫品目，僅以挂軸一項爲例，就可以看出自宋以來贈禮畫發展的情情，就是自南宋以後，充滿祝賀、頌揚的題材日益加多，題材範圍日益擴張，到了明代由所列畫目來看，眞是門類多到無所不包，就連民間傳說神話戲曲小說也都成了作畫題材，這個情形影響到明清民間木刻版畫，後來木刻版畫家們極其自然的襲了這些題材，才有那麼豐富的成就，就連雕刻，刺繡，磁器，紡織品上也都出現這些圖案，足見其影響之大。

吳友如的時事風俗畫

自唐五代直到清代，中國人的書籍都是用木雕版片刷印的，及至清末西方石印技術傳來，於是書籍印刷業起了很大的變革，這種石印方法又快又好，使書的成本降低，讀書人都可以買到物美價廉的書，眞是一大進步；這種新技術當然是隨著外國的商人或傳教士來到中國，首先到了沿海通商口岸，然後再傳到其他地方，漸漸石印方法就取代了古老的雕版印刷，清人黃協塤所著「淞南夢影錄」（有光緒九年高昌寒食生序）卷二有一段講石印的事：

「石印書籍用西國石板磨平如鏡，以電鏡映像之法攝字蹟於石上，然後傳以膠水，刷以油墨，千百萬頁不難竟日而就，細若牛毛，明如犀角，英人所設點石齋獨擅其利者已四五年，近則寧人之拜石山房，粵人之同文書局與之鼎足而三，甚矣利之所在，人爭趨之也。」

由這段紀錄我們知道首先在上海經營石印書籍生意的是英國人開設的點石齋書局，由所謂「獨擅其利者已四、五年」這句話看來，點石齋書局開辦之期應該是在光緒四、五年之間，這種行業很受歡迎也賺錢，於是最會做生意的寧波人和廣東人也跟著開辦了國人自營的石印書局，這是印刷業重要的史實之一。不過淞南夢影錄只講「英人獨擅其利」，這個英國人是誰呢，也沒有寫清楚。我從戈公振中國報業史裏找到點石齋書局開辦的經過：

「申報發刊於同治十一年（一八七二年）三月二十三日，爲英人美查(F.Majer)所有，美查初與其兄販茶於中國，精通中國語言文字，某歲折閱，思改業，其買辦陳莘庚鑒於上海新報之暢銷，乃以辦報之說進，並介其同鄉吳子讓爲主筆，美查贊同其議，乃延錢昕伯赴香港，調查報業情形，以資倣效，時日報初興，競爭者少，其兄所營茶業亦大有轉機，故美查得以歷年所獲之利，先後添設點石齋石印書局、圖書集成鉛印書局、申昌書局、燧昌火柴廠與江蘇藥水廠等」（第三章外報創始時期一〇六頁）

點石齋書局既是申報館的關係企業，申報館老闆美查又是有眼光有野心的企業家，當然他經營這個石印書局就不會墨守書局的成規，只印各類書籍出售，就感到滿足的。必然會創出新興事業來的，果然他們辦了一份定期刊物點石齋畫報。以前上海就已經有了畫報，不過那時候的畫報和點石齋畫報不同：

「我國報紙之有圖畫，其初純爲曆象、生物、汽機、風景之類，鏤以銅版，其費至鉅……」——中國報業史第六章第十節圖畫與銅版部。

當時在上海刊行的銅版畫報計有：耶穌教長老會所主編的畫報有兩種，據花圖新報十一卷光緒七年二月份所載「清心當圖記」言：「光緒元年創小孩月報，月印三千五百本，七年又創花圖新報，月印三千本，其刻圖排字範模刷印裝訂一切皆滿期之生徒爲之，無外人相助也」。所謂「滿期之生徒」即長老會在上海所設清心書館畢業生也。同時另有圖畫新報也創於光緒六年，此三種皆爲月刊。

點石齋畫報創刊於光緒十年，據中國報業史第三章外報創始時期節詳述點石齋畫報情形：

「光緒二年以申報文字高深，非婦孺工人所能盡讀，乃附刊民報，則日出一紙，每月收費六十五文，光緒十年又附刊畫報，每十日出一紙，一紙八張，所繪多時事，每紙取費八文」。

由這段話來看，點石齋畫報並不是獨立刊行，它是申報的增刊，它既不是教會刊行的，當然內容題材也更爲廣泛，受到多數讀者的歡迎。最重要的是畫報主編人是當時最有名的畫師吳友如。吳友如名嘉猷，以字行，江蘇元和人，關於他的歷史：

「吳嘉猷字友如，元和人，擅工筆畫，光緒中以繪克復金陵功臣戰績圖得名，點石齋書局繪給畫報，後創飛影閣畫報，頗傳於世。」——商務版中國人名大辭典補遺。

清末民初一般人對點石齋畫報和飛影閣畫報都非常欣賞，也藉此增益新知，了解時事，可是對吳友如這個人並不大清楚，只知道他是位多產畫家，點石齋畫報主持人，點石齋畫報的畫多出於他的手。民國以來坊間流行他的畫譜——吳友如畫寶，除了山水，其餘人物、仕女、樓閣、翎毛、走獸無一不備，可說是位全材，不過一般正統畫家名單裏並沒有他（例如鄭昶的中國畫學全史），也就是說正統畫家不承認他是畫家，甚至有的傳說說他是油漆匠出身，只是他畫得比一般油漆匠高明而已。

由中國人名大辭典補遺知道他的成名之作是克復金陵功臣戰績圖。按曾國荃於同治三年克復金陵，洪秀全自殺，太平天國亡，可是他因誤報幼主洪福瑱已死，而獲罪家居，直到同治五年他才出任江湖北巡撫，又和湖廣總督官文處得不好，同治六年開缺回籍，閒到光緒元年才再度出山。由這段史實，可以說明吳友如繪製克復金陵戰績圖的時間大約是在同光之間。繪製的動機可能是曾國荃為了不能長期投閒置散，才請他繪圖，促使朝廷不忘記他克服金陵的功勳，而能再度出山。由此事也可以證明吳友如此時繪畫已有了相當的名氣，不然這件工作怎會找到他？由於這幅克復金陵功臣戰績圖使吳友如名聲大起，才被具有生意眼的美查看中，聘請他主持點石齋畫報繪畫工作，從此他的繪畫事業走上坦途。一份點石齋畫報當然不是他一個人獨力就能維持下來的，據中國畫家人名大辭典記載跟他合作的畫家共有十八人：

「吳猷，元和人，初名嘉猷字友如，幼習丹青，擅工筆，人物、仕女、山水、花卉、鳥獸、蟲魚靡不精能，同治初曾忠襄延繪克復金陵功臣戰績圖，上聞於朝，遂著聲譽。光緒甲申（十年，西元一八八四）應點石齋書局聘，主任編繪畫報，寫風俗，時事，圖畫精妙，人稱聖手。旋又自創飛影閣畫報，風行甚廣，今書肆彙其遺稿重印名曰吳友如畫寶。案點石齋畫報，繪稿者尚有金蟾香，張志瀛，田子琳，符良心，周慕橋，何明甫，葛龍芝，金耐青，戴子謙，馬子明，顧月洲，賈醒卿，吳子美，李煥垚，沈梅坡，王釗，管劬安，金庸伯十八人均有時名，附識備考。」——中國畫家大辭典一八一頁。

吳友如是位多產畫家，他的作品非常多，題材也非常廣泛，除了編點石齋畫報「繪時事風俗」之外，還有許多出名的作品：

曾虛白主編的上海研究資料（民國廿四年編）風土類（五九五頁）滬娼研究書目提要內有申江勝景圖兩卷：

「申江勝景圖，吳友如繪，清光緒十九年申昌書室石印，內容分上下兩卷，每卷計圖三十一幅，並附以詩，卷首有經鋤所作序，略云：「尊聞主人約吾友吳君友如博觀約取，繪畫若干幅，並綴以詩，以供好奇者臥遊之具」

號經鋤的清代人有崑山葉奕苞和望江倪模兩人，時代都比較早，任何一個也不可能是作序的經鋤；另外尊聞主人據陳定山春申舊聞六四申報紙與楊乃武王韜條內談到尊聞閣叢書的事：

「……尊聞閣爲申報刊載之藝術掌故文字，自史料，筆記，以迄小說，傳奇譯著無不兼收，書用油光紙印，都凡五十四種，光緒三年出版，光緒五年續編二集都六十四種，均由縷馨仙史蔡爾康編成書目。」

由此可知吳友如所繪申江勝景圖可能即是尊聞閣叢書之一，所謂「尊聞主人」是指申報館老闆，或是負責主編尊聞閣叢書的蔡爾康那就不知道了。不過申江勝景圖這部上海導遊書一直被人重視。民國十九年光明出版部刊行的「上海的一般」還用它作對比，藉以說明上海的變遷，「上海研究資料」風土類六〇六頁詳細介紹這部書：

「『上海的一般』洋裝精印一薄册，光明出版部印行，內容圖畫與文字並重，分總說，上海史略，上海的人口，上海的文化，南京路，上海的交通與繁華，上海的病態，上海之夜等八節。圖畫多用當年吳友如所繪上海各項情況，與現代攝影對照排列，可見時代之變遷。」

除了申江勝景圖，吳友如還替天南遯叟王韜的書作過插圖，陳定山春申舊聞裏曾詳細談到過這件事：

「光緒八年回上海，又改名王韜，字紫詮，別號天南遯叟，一度主筆申報，著有淞陰漫錄，由吳友如繪圖，發表於飛影閣畫報，天南遯叟由此成名」——春申舊聞一一二頁。光緒十七年他畫蠶桑絡絲綢說明，這大約是應當時官方囑託繪製的（只是不知道官方是那個機關而已）。又光緒十九年他繪製西園雅集圖。

由以上這些紀錄看來他固然是一位工筆畫名家，同時也是能夠接受新思想新事物的人，因此才能繪出當年的「十里洋場」景物，介紹世界各地的珍禽異獸，奇風怪俗。至少在教育社會、增進民知的工作上出了不少力。我個人是學歷史的，對於繪畫可說是一無所知，但就歷史的角度來看，吳友如的畫自有在近代史上的價值，因此才想探討他的生平，研究他的成名的經過和他從什麼時候起才拿起畫筆，畫傳統以外的新奇事物。可惜這樣一位有新思想又能動手去做的畫家竟找不到他的生卒年月，只能由傍證知道他生在同光之際，曾和一些當時開明前進人士合作（比如天南遯叟王韜以及由英國人投資的點石齋畫報）過。除了他的畫，我沒找到足可以說明他身世的文章。從坊間出售的吳氏畫譜五百種（臺北文化圖書公司印行）前面有清宣統元年九月定海林承緒序裏知道他「自幼雅善丹青，涉略繪事，莫不精心研究」，又講他「壯年足跡半天下，心有所得，日有所見，一一寓之於畫」，還講到他繪製克復金陵功臣戰績圖的事：「當曾忠襄克復金陵也，圖畫汗馬功臣，效雲臺凌煙閣故事，聘君主其事，圖成，忠襄公亟加歎賞，上聞於朝，由是聲聞中外，而君不欲羈絆朱紫浮石……遂片舟告歸，結廬海上」。由以上這段紀錄知道他被曾國荃羅致幕下，畫了那幅克復金陵功臣戰績圖因而成名，若是按照清末保舉辦法，要曾國荃保舉，他總可以弄個小官做做的，是他眞的淡於名位或有其他原故，不肯長期留下來，那就無可考了。

他的生年無可考，由林承緒的序裏談到他「今君歸道山一十餘年矣」這句話推知他大約死在光緒二十年前後（序寫於宣統元年九月），享年多少也無法推算，在他死後十多年璧園同人才由他兒子手裏買到他的手稿一千二百幅，編成付印，可是這部畫稿除了翎毛走獸有些世界出名的斑馬駝馬之類前人畫裏看不到的題材，其他的人物仕女仍然是固有題材不出古人範圍，找不到所謂「繪時事，風俗」的畫，這大概是替他編輯畫譜的人認爲他畫「十里洋場」「紅頭阿三」之類的畫不登大雅之當，不足以傳世不朽，就自作主張給刪除了。可是在我們學歷史的人來說，吳友如眞正傳世不朽的卻是「繪時事風俗」的畫，就像清明上河圖一樣，我們看清明上河圖和讀東京夢華錄一樣有收穫，由此可以認識北宋的社會習俗等等，同樣由申江勝景圖也可以知道一百年前的上海灘是什麼樣子，這等於是一部畫史，它的價值比普通的人物仕女還要高，爲什麼大家對他這一方面的作品不重視？因此我才寫這篇文章來介紹他，希望對繪畫內行的人來研究他，整理他那些「繪時事風俗」的作品。

六十六年青年節於外雙溪山中

明清人的室內設計

一、前　言

宋以前，中國人一向是席地而坐，因室內應用的傢俱很簡單，由古書記載裡找到的傢俱名字不過是「几」「案」「榻」，以及作隔間用的「屏風」，再有就是裝衣服雜物的「笥」「箱」以及作為坐具的「筵」「席」而已，後來大約是受了遊牧民族的影響，我們日常用傢俱也有了仿效胡風的製品如「胡床」等等，漸漸也改變了「席地而坐」的老習慣，從前人在室內都是「危坐」也就是跪坐形式，人跪在席上，身體壓坐在兩腿之上，坐久了當然很不舒服，如果坐在席上兩腿向前伸出或盤腿而坐稱為「箕倨」，都算是失儀沒禮貌，等到引進新式傢俱以後，人們可以垂腿而坐，比以前舒服多了，背部也有了可以倚靠的東西，可使「背」部和「腰」部不易疲勞，新傢俱有了這些優點，當然取代了舊傢俱的地位。

唐人書裡還沒有看到「椅」這個名詞，直到兩宋人書裡才找到一些紀錄：

例如：宋王銍默記記載徐鉉奉命去探訪被軟禁在汴梁的南唐李後主，就寫著：「徐入立庭下，久之，老卒遂取舊椅子相對，鉉謂卒曰但正衙一椅足矣……」

又宋不著撰人道山清錄：「忠宣公范堯夫居常正坐，未嘗背靠著物，見客處有數胡床，每暑月蒸濕時，其餘客所坐者背所著處皆有汗漬痕跡，惟公所坐處常乾也……子弟書室中皆坐草縛墊子或杌子，初無靠背之物……」

由以上兩段紀錄可以看出北宋時代已然有「椅子」這種傢俱，又「胡床」也是有靠背的傢俱，兩者或是同一形式的坐具，可能是初名「胡床」，後因它有背，人可倚靠，才直接了當的稱它爲「椅子」了。又由道山清錄這段記錄知道宋人普通坐具有「草縛墊子」有「杌子」，只有「見客處」才有帶靠背的「胡床」，可見這種「胡床」是比較貴重的傢俱，才特別放在待客的處所的。

南宋陸游老學庵筆記裡有兩段關於「椅子」的紀錄：

卷一：「高宗在徽宗服中，用白木御椅子，錢大主入覲見之曰，此檀香耶……張婕好掩口笑曰禁中多用胭脂皂莢，相公已有語，更敢用檀香作椅子耶……」（時趙鼎張浚爲相）卷四：「徐敦立言，往時士大夫家婦女坐椅子，杌子，人則笑其無法度，梳洗床，火爐床家家有之，今猶有高鏡台，蓋施床則與人面平也，或曰禁中尚用之，特外間不復用耳……」

由陸氏書中所記情形可見就是宮廷中的「椅子」也沒有用高貴木料製造的，當時禮法之家的婦女若是垂腿而坐，就會被人恥笑爲沒教養，可以肯定的說：唐宋人居室之內的情形大致和日本式塌塌米房間差不多，除了寫字讀書用的几案和鋪墊用的「席」以及倚靠用的「隱囊」，就沒有別的傢具了，傢具既簡單當然也談不上什麼「室內設計」了。

南宋人所寫的夢粱錄裡有一段，卷十九「四司六局」講的是臨安已然有專業人員負責包辦公私喜慶宴會，而且有細密的分工，稱爲「四司六局」，其中「排辦局」負責布置會場「掌桌椅、交椅、桌櫈、書桌……」同時出賃桌椅，這工作可以說是我國「室內設計」之始，因爲「排辦局」這名詞意義就是把桌、椅等傢具安排當的工作，換言之就是公私聚會場合的布置設計，要把喜慶宴會需用的桌椅等傢具安排妥當，必須熟習喜慶典禮的過程，公私宴會的儀式，主席客位，長幼尊卑各有不同，才能勝任這個工作，才能使典禮順利進行，不致出笑話，然而「排辦局」的從業人員都是「目不識丁」的市井小民，不是士大夫，沒有留下什麼文字紀錄，只有北宋人黃伯思所寫的「燕几圖說」是我們第一部講室內設計的書。

所謂「燕几」就是用七張大小不同，高度一樣的桌子，排列出不同的形式，便於文人雅士的宴集，這部書只有一卷，有好幾幅圖，當初也許是黃氏遊戲消遣之作，可是今天看來就成了極其珍貴的史料。

後來傢具越來越多，中國人也漸漸拋棄了席地而坐的老習慣，逐漸注意傢具的選擇和佈置，明清人先後有三、四部寫傢具陳設布置的書，章回小說裡也有關於文人書室，婦女繡房香閨佈置的描繪，我的題目定爲「明清人的室內設計」就是根據這些資料寫的，爲什麼寫「明清人室內設計」不寫「宋元」，乃是由於文字資料比較少故也。

二、家具

自從兩宋以來大家逐漸放棄「席地而坐」的方式以後，家庭必備的家具就多了起來，南宋人所寫的夢粱錄卷十三諸色雜貨條所記「家生動事如桌、凳、涼床、交椅、几子、長朓、繩床、竹椅、柎笄、裙廚、衣架……」已然是名目繁多，相當齊備了，自宋至明又經過五、六百年，我們的木工藤工、漆工技術更加進步，製成的家具自然一天比一天精美，明中晚葉士大夫特別喜好追求生活享受，富人俗吏喜好聲色狗馬，文人雅士則標榜閒適高雅，希望擁有滿架圖書窗明几淨的書房，屋中陳設都非俗器，才可以表現主人的逸趣和襟懷，就在這種心理驅使下，他們先後寫出長物志、考槃餘事，到了清代，餘波所及，還有李漁所寫的閒情偶寄，關於各方面的生活享樂，他都在行，他書中所談不論是談演戲，是談女人，是談造園，是談陳設，是談肴饌，都談得頭頭是道，可惜他生不逢時，才被清初衛道之士罵得體無完膚，可是到了乾隆時代，際遇昇平，上自皇帝，下到達官顯宦富商巨賈無不追求享受，楊州是當時最繁華的都市，李斗有一部揚州畫舫錄，不但留下揚州繁榮景象，畫舫錄這部書的最後一部分也是研究建築，裝修、室內設計的最好資料，由這些部書可以學到純傳統式的室內設計。

若談傳統室內設計，首先要知道當時人欣賞的是什麼，不喜歡的是什麼，由於當時社會仍然是「士為四民之首的形式，因此高階層人士都是飽讀詩書的人，他們欣賞的是高雅逸趣、「不俗」等等字樣。

事實上有力量講究「雅俗」的人當然不是家徒四壁簞食瓢飲的寒士，絕對多數是仕宦人家，他們才有錢修房子，造花園購買名貴的古玩，陳設，他們之所以欣賞高雅「不俗」，就爲的是表示他們不是俗吏和暴發戶，一般有錢的人爲了附庸風雅，也向這些士大夫們看齊，於是「雅」、「俗」、「富貴氣」、「小家氣」等等評鑑水準就留傳下來，直到西方新潮流傳來，才起了變化。

所謂「室內設計」主要就是選用適當的傢具和器物佈置出理想的房間，因此才先談談幾項必備的傢具，看看古人所欣賞的是什麼，不欣賞的是什麼。

一、床榻：是臥具也是坐具，屠隆考槃餘事和文震亨長物志都談到床榻的款式和資料，今列舉於後：

「榻高一尺二寸，屏高一尺三寸，長七尺有奇，橫一尺五寸，周設木格，中實湘竹，下坐不虛，三面靠背，後背與兩傍等，此榻之定式也，有古斷紋者，有元螺甸者，其製自然古雅，忌有四足，或爲螳螂腿式，下承以板則可，近有大理石鑲者，有退光朱黑漆，中刻竹樹以粉塡者，有新螺鈿者大非雅器，他如花楠，紫檀，花梨照舊式製成俱可用，一改長大諸式，雖曰美觀，俱落俗套……」——長物志卷六。

「短榻：高尺許，長四尺，置之佛堂、書齋，可以習靜坐禪、談玄揮麈更便斜倚，俗名彌勒榻」——同上。

屠隆考槃餘事書中談到床榻，內容和文氏差不多，由這兩段紀錄有關床榻的式樣，質料及用處都有簡略的說明，但今天看「短榻」的用處它的長度只能供人坐，不能躺臥，和現在的長沙發椅差不多，不同的是「短榻」是硬的，坐起來一定不舒服，可是古人對於舒服不舒這問題不大在意的。李漁閒情偶寄卷十床帳條，他首先談到「床」的重要，然後他又寫出四個方法，使人睡在床上充分享受睡眠的樂趣：

「人生百年……日居其半，夜居其半……而夜間所處則止有一床，是床也者乃我半生相共之物……每遷一地，必先營臥榻……欲新其製，苦乏匠資，但於修飾床帳之具經營寢處之方則未嘗不竭盡綿力……其法維何，一曰床令生花，二曰帳使有骨，三曰帳宜加鎖，四曰床要著裙……」——閒情偶寄卷十。

二几案之屬：所謂「几案」也就是近代日常用的桌子，茶几等等用具，文氏長物志卷六所列几案種類很多：

「天然几：以文木如花梨，鐵梨，香楠等木爲之，第以闊大爲貴，長不過八尺，厚不過五寸，飛角處不可太尖，須平圓乃古式，照倭几下有拖尾者更奇，不可用四足，如書桌式，或以古樹根承之，否則用木如臺面闊厚者，空其中，略雕雲頭如意之類，不可雕龍鳳花草諸俗式，近時所製狹而長者最可厭」——長物志卷六。

按所謂「天然几」是一長形几案，案面是放在木架上的，既曰「天然」當然是用天然原木橫鋸製成几面，下面有架承之，日式房子裡時常可以看到它，如今已不多見，另外老式傢具有「架几案」，有「長條案」，現在還可以看到，不過臺面都不是原木製的。

「書卓：中心取闊大，四周鑲邊，闊僅半寸許，足稍矮而細，則其製自古，凡狹長，混角諸俗式俱不可用，漆者尤俗」——長物志卷六。

「壁卓：長短不拘，但不可過闊，飛雲，起角，螳螂足諸式俱可供佛，或用大理石及祁陽石鑲者出舊製者亦可」。——同上。

「方卓：舊漆者最多，須取極方大古朴，列坐可十數人者，以供展玩書畫，若近製八仙等式僅可供宴集，非雅器也，燕几別有譜圖」——同上。

「臺几：倭人所製，種類大小不一，俱極古雅精麗，有鍍金鑲四角者，有嵌金銀片者，有暗花者，價俱甚貴，近時仿舊式爲之，亦有佳者，以置尊彜之屬最古，若紅漆狹小三角諸式俱不可用」——同上。

文氏書中「卓」仍作「卓」，未用通俗「桌」字，此猶近古，又所稱「臺几」即是各式高几，最初是倭人所製的「進口貨」，價値當然是高的，倭漆精美久已馳名，所謂「古雅精麗」實非溢美，據我個人看到在北平大家宅第裡所陳精美木器有「半月形桌」，有大小一式三件之「套几」，「半月形桌」宜放置古玩，名磁花瓶，「套几」則宜「書齋」或「閨房」供養古銅佛像玉雕觀音，一几安置佛像，另二几，一放香花時果，最前一几放香爐三事，正所謂「古色古香」，足見主人雅懷。李笠翁在閒情偶寄裡，提出他的主張，他認爲桌子的「

抽屜」要多，才能容納桌上堆集的雜物，保持桌面清潔，不至變成垃圾堆。

長物志裡所談到的坐具有：

「椅之製最多，曾見元螺甸椅，大可容二人，其製最古，烏木鑲大理石者最稱貴重，然亦須照古式爲之，總之宜矮不宜高，其摺疊單靠吳江竹椅，專諸禪椅諸俗式斷不可用，踏足處須以竹鑲之，庶歷久不壞」——同上卷六。

「杌：有二式，方者四面平等，長者亦可容二人並坐，圓杌須大，四尺㘭出，古亦有螺甸朱黑漆者，竹杌及縚環諸俗式」——同上卷六。

「凳：凳亦用狹邊鑲者爲雅，以川柏爲心，以烏木鑲之最古，不則用雜木，黑漆者亦可用」——同上

「交床：即古胡床之式，兩都有嵌銀鉸釘圓木者，攜以山遊或舟中用之最便，金漆摺疊者俗，不可用」——同上

文氏所談四種坐具都是硬硬的，坐起來一定不舒服，清李笠翁才注意到舒適問題，於是他才設計出冬季用的「暖椅」和夏季用的「涼杌」，但到現在新式傢具設計都會兼顧到「舒適」「美觀」兩大要件，他的設計也就成了老古董了，同時他對於傢具製造有自己的看法，就是「器之坐者有三，曰椅、曰杌、曰凳、三者之制以時論之，今勝於古，以地論之，北不如南，維揚之木器，姑蘇之竹器，可謂甲於古今，冠乎天下矣」（閒情偶寄卷十）

由他的話更可知道清代傢具產地有揚州和蘇州，又李調元粵東雜記卷十三也談到廣東特

產的紫檀，花梨、鐵力諸木和烏木都是製傢具的上等木材，所製成品也是馳名全國的。

三、櫥架之屬：貯藏用具有櫥有架有廂（廂即箱），李笠翁閒情偶寄卷十，他在櫥櫃條中提出他的三個主張，一是「多容善納」也就是我們所說的充分利用空間，二櫥內隔層要設可以移動的活板，可以看東西調整活板，三多設抽屜，一抽屜之中再分成大小不同的格，以便分門別類收藏，取用時也很方便。

我們再看看明代的櫥架是什麼式樣，是用什麼料作的：

「櫥：藏書櫥須可容萬卷，愈闊愈古，惟深僅可容一册，即闊至丈餘，門必用二扇，不可用四及六，小櫥以有座者爲雅，四足者差俗，即用足亦必高尺餘，下用櫥殿僅宜二尺，不則兩櫥疊置矣……小櫥有方二尺餘者以置古銅玉小器爲宜，大者用杉木爲之，可辟蟲，小者以湘妃竹及豆瓣楠，赤水羅，古黑漆斷紋者爲甲品，雜木亦可用，但式貴去俗耳，鉸釘忌用白銅，以紫銅照舊式，兩頭尖如梭子，不用釘釘者爲佳，竹櫥及小木直楞，一則市肆中物，一則葯室中物，俱不可用，小者有內府塡漆有日本所製皆奇品也……」——長物志卷六。

「架：書架有大小二式，大者高七尺餘，闊倍之，上設十二格，每格僅可容書十册，以便檢取，下格不可置書，以近地卑溼故也，足亦當稍高。小者可置几上，二格平頭，方木竹架及朱墨漆者俱不堪用」——同上。

「廂：倭廂黑漆嵌金銀片，大者盈尺，其鉸釘鎖鑰俱精巧絕倫，以置古玉重器或晉唐小卷最宜，又有一種差大，式亦古雅，作方勝纓絡等花者其輕如紙，亦可置卷軸香葯雜玩，齋中宜多畜以備用……」——同上。

由文氏書中所記幾種倭漆製品，可見明代士代夫家中多有名貴的進口日本倭漆用具也，另外還有作隔間和掩蔽用的「屏風」和「照壁」，「屏風」是可以移動的，「照壁」是固定不可移動的，這兩種都是木製的，屏風以大理石鑲製的最受人稱許，就因大理石黑白相間，像一幅水墨畫的緣故罷。

三、室內設計的理論

「室內設計」這門學問聽起來似乎是近年來才由國外引進的新藝術，其實明清人著作裡有好多和室內設計有關的理論，只是當時人并沒有把它當作一門了不起的學問，不過是有錢有閒的文人雅士遣興怡情的行動而已，眞風雅的人倡導於前，附庸風雅的人也馬上向他們看齊，於是就形成了我們傳統室內設計的風格，直到西方新潮傳來，才慢慢起了變革。

現在按時代次序分別介紹於後：

甲、**文震亨長物志**：長物志卷一室廬篇講的都是房屋設計諸事，他的基本原則是「……吾儕縱不能栖岩止谷，追綺園之蹤，而混跡廛市，要須門庭雅潔，室廬清靚，亭臺具曠士之懷，齋閣有幽人之致，又當種佳木怪籜，陳金石圖書，令居之者忘老，寓之者忘歸，遊之者忘倦，蘊隆則颯然而寒，凜冽則煦然而燠」。他的理論綜合起來不過五點：一、門庭雅潔，室廬清靚二、式樣不俗三、多植樹木四、陳設不置俗器五、注意房室方向，受日避風諸事，務期能合乎多暖夏涼的要求。此外他在卷一最後總論裡提出許多主張，凡是不該採用的式樣或材料，都稱爲「忌」，該採用的都稱爲「宜」，只是內容太瑣細不宜逐條引証，姑從略。總論後面他又講了幾句要領：

「隨方制象，各有所宜，寧古無時，寧拙無巧，寧儉無俗，至於蕭疏雅潔，又本性生，非強作解事者所得輕議矣」——長物志卷一。

乙、清李漁閒情偶寄：閒情偶寄卷八，卷九兩卷居室部所談都是房屋修建諸事，他在前一卷談的是幾項基本要事，後一卷分項討論窗欄牆壁等事，寫得很詳細，還有許多設計圖可供參考，不必多引，現在只他講的幾項原則介紹於後：

一、「房舍與人，欲其相稱……處士之廬難免卑隘，然卑者不能聳之使高，隘者不能擴之使廣，而污穢者充塞者則能去之使淨，淨則卑者高而隘者廣矣……」——卷八房舍第一。

二、「……性不喜雷同，好爲矯異，常謂人之葺居治宅與讀書作文同一致也……一則創造園亭，因地制宜，不拘成見，一榱一桷，必令出自己裁……」——同上。

三、「土木之事最忌奢靡……蓋居室之制貴精不貴麗，貴新奇大雅，不貴纖巧爛熳……」——同上。

他的意見綜合起來，不外四點：一、房舍大小，高低要和人身份相稱，二、房子雖狹小，只要清除雜物，不要亂堆，看起來，也不會覺得狹窄了，三佈置房舍，不可抄襲模仿，要有創意。四忌奢靡，貴新奇雅緻，戒纖巧爛熳。

在房舍第一前言裡詳談他的意見，然後逐項討論，今歸納起來列表於後：

向背	屋以面南爲正向，然不可必得，面北者宜虛其後以受南薰，面東者虛右，面西者虛左，如東西北皆無餘地，則開天窗以補之。
途徑	徑莫便於捷，而又莫妙於迂，凡有故作迂途以取別致者，必另開耳門一扇以便家人奔走。
高下	房舍忌似平原，須有高下之勢；前卑後高理之常也……因地制宜之法高者造屋，卑者建樓一法也，卑處疊石爲山，高處浚水爲池或因其高而愈高之，因其卑而愈卑之。
出簷深淺	居宅無論精麤，總以能蔽風兩爲貴……故柱不宜長，長爲招雨之媒，窗不宜多，爲匿風之藪，務使虛實相半，長短爲宜。
置頂格	精室不見椽瓦或以板覆或用紙糊名爲頂格……頂格一概齊簷，使高敞有用之區委爲鼠窟，實爲可惜……余以頂格爲斗笠形，可圓可方，方者可當壁櫥，圓者可貼字畫。

甃　地	土不覆磚嘗苦其濕，又易生塵，用板作地者，又病步履有聲，以三和土甃地，築之極堅，使完好如石……用磚鋪可磨之使光……如能自運機杼，使小者間大，方者間圓別成文理。
藏垢納污	欲營精潔之房，先設藏垢納污之地……精舍之傍設小房一間，以收納雜物。

他所提出的建議共有八項，唯「灑掃」一項係屬於房屋保養事項之一，所以略去，其他建議大都推陳出新，不落俗套；向背一項所講房屋採光方法尤爲靈活多變，高下一項則利用視覺來造成高下之勢，又置頂格一項，則昭示人善用空間之法，甃地一項所談三和土甃地乃是今日水泥鋪地之先河，至於所謂營屋必先設藏垢納污之地即是今日所說的「儲藏室」，這間「儲藏室」實在是不可缺少的。

卷九仍屬居室部，所談三項牆壁、聯匾、山石都是傳統造屋造園技術，茲不多引，但在卷十一器玩部位置第二條前言裡有幾句話講的正是室內設計理論：

「器玩則講購求，及其既得，則講位置……安器置物者務在縱橫得當……他如方圓曲直，齊整參差，皆有就地立局之方，因時制宜之法……」——閒情偶寄卷十一。

他又提出兩原則：一、是忌排偶，二、貴活變。意思是器物擺列不可死板，墨守習見形式，千篇一律；室內器物應隨時改變擺設形式，以新眼界。

丙、清沈三白浮生六記：浮生六記是沈三白個人的生活紀錄，這部書和李漁的閒情偶寄性質不同，體例不同，因此我們只能在書裡搜尋到一些理論性資料，卷二閒情記趣篇談到造園營建的技巧：

「若夫園亭樓閣，套室迴廊疊石成山，栽花取勢，又在大中見小，小中見大，虛中有實，實中有虛，或藏或露，或深或淺，不僅在周迴曲折四字，又不在地廣石多，徒煩工費……大中見小者散漫處植易長之竹，編易茂之梅以屏之；小中見大者窄院之牆宜凹凸其形，飾以綠色，引以藤蔓，嵌大石鑿字作碑記形，推窗如臨石壁，便覺峻峭無窮；虛中有實者或山窮水盡處一折而豁然開朗，或軒閣設廚處，一開可通別院；實中有虛者開門於不通之院，映以竹石如有實無也，設矮欄於牆頭，如上有月臺而實虛也……」──浮生六記卷二。

他所講的「虛中有實」和「實中有虛」兩種方法在李斗揚州畫舫錄卷十四裡出現了一段記錄，正是用他所講的手法：

「靜照軒東隅，有門狹東而入，得屋一間可容二三人，壁間掛梅花道人山水長幅，推之則門也，門中又得屋一間，窗外多風竹聲，中有小飛罩，罩中小棹信手推之而開，入竹間閣子，一窗翠雨，著鬚而凝，中置圓几，半嵌壁中，移几而入，虛室漸小，設竹榻，榻旁一架古書，縹細零亂，近視之乃西洋畫也，由畫中入，步步幽邃，扉開月入，紙響風來，中置小座，游人可憩，旁有小書廚，開之則門也，門中石徑逶迤，小水清淺，短牆橫絕，溪聲遙聞，似牆外當有佳境，而莫自入也，嚮導者指畫其際，有門自開……」——揚州畫舫錄卷十四三三三頁。

這段記錄寫得非常詳細，計算起來共有六種方式設置門戶，紅樓夢第十七回大觀園建造完工之後，賈政率領門客子姪去遊賞題匾時候，走進怡紅院看到房中收拾的與別處不同：

「……只見其收拾的與別處不同，竟分不出間隔來的，原來四面皆是雕空玲瓏木板……各種花樣皆是名手雕鏤，五彩銷金嵌玉的，一隔一隔，或貯書，或設鼎，或安置筆硯，或供設瓶花，或安放盆景，其隔式樣或圓或方，或葵花蕉葉，或連環半壁，眞是花團錦簇，剔透玲瓏，倏爾五色紗糊，竟是小窗，倏爾彩綾輕覆，竟如幽户，且滿牆皆是隨依古董玩器之形摳成的槽子，如琴、劍、懸瓶之類俱懸於壁，卻都是與壁相平的……賈政走進來，未到兩層，便都迷了舊路，在瞧也有門可通，右瞧也有窗隔斷，及到跟前又被一架書擋住，回頭又有窗紗明方透門徑，及至門前，卻是一架大玻璃鏡，轉過鏡去，一發見門多了……賈珍引者賈政及眾人轉了兩層紗廚，果得一門出去……」——紅樓夢第十七回一三七頁。

紅樓夢這段描寫當然有些過分誇張，若合揚州畫舫錄所記水竹居情形對比來看，都用的是同樣手法，都是虛中有實，實中有虛，虛實互用的；浮生六記，揚州畫舫錄和紅樓夢三部書的作者都是淸乾隆年間的人，可見當時建園技術和室內設計的成就可說已然達到顚峰狀態，這是不可否認的事實，有人說小說家寫的多半是空中樓閣，根本不可信，我認爲寫作不可能全是向壁虛造，至少腦中總該有個依據的「模特兒」才能寫，以曹雪芹的家世，當然他有機會去遊如李斗筆下所記的名園，他才能寫得出大觀園的；同時書裡還有些有關室內設計的意見，例如劉老老進大觀園，說：人人都說「大家子住大房，昨兒見了老太太正房，配上大箱，大櫃，大桌子大床果然威武……」又第十七回「……只見進門便是曲折遊廊，階下石子墁成甬路，上面小小三間房舍，兩明一暗都是合著地步打的床几椅案……」這兩段合起來就是選用傢具要配合房舍的大小，否則就不配合了。他更利用探春閨房中的陳設提出室內設計要表現房主人性格的主張：

「探春素喜闊朗，這三間房子並不曾隔斷……當地放著一張花梨大理石案，案上堆著各種名人法帖並數十方寶硯，各色筆筒筆海內插的筆如樹林一般，那一邊設著斗大的一個汝窰花囊插著滿滿一囊的水晶毬白菊，西牆上當中掛著一大幅米襄陽的「烟雨圖」左右卦著一副對聯……案上設著大鼎，左邊紫檀架上放一個大官窰的大盤，盤內盛著數十個嬌黃玲瓏大佛手，右邊洋漆架上懸著一個白玉比目磬，旁邊挂著小槌……東邊便設著臥榻拔步床，上懸著蔥綠雙繡花卉草蟲的紗帳……」——第四十回。

由這三段所寫可見曹雪芹對於室內設計也頗有研究，並不外行的。

四、室內設計的例証

現代室內設計都要繪製成平面圖和彩色立體圖，叫人一看就能了解設計者巧妙的安排，從前可是沒有專門替人作室內設計的專家，也沒有留下設計圖樣，要了解傳統室內設計情形，該從兩方面下手，一方面是多看國畫中的人物仕女畫，仔細研究畫中的佈置，以及家具器物等等，藉此認識古人安排佈置的情形，必有助於了解傳統室內設計實況。另一方面，是從古老的章回小說裡所描寫的文人雅士的書齋，佳人美女的香閨以及達官貴人的宅邸廳堂，作爲例証，藉以了解從前各種不同的室內設計，這些仔細生動的描述都是前代寫小說的人爲了使讀者能夠深入了解書中的情況，才不惜筆墨詳細描寫，用以吸引讀者使他覺得如同親眼目睹一樣，因此才留下那許多珍貴的資料。

金瓶梅是一部有名的社會寫實小說，我就從書裡找出兩個例証，藉此了解晚明人室內佈置的情形：

例一、第七回薛嫂兒說娶孟玉樓那一段，西門慶由媒婆引領到孟玉樓家中相看，她是一個布商的寡婦，書中所描繪的是中等商人的家庭：

「……坐南朝北一間樓，粉青照壁，進去裡面儀門，紫牆竹槍籬影壁，院內擺設榴樹盆景……薛嫂推開朱紅隔扇三間倒坐客位，正面上供養著一軸水月觀音善財童子，四面掛名人山水，大理石屏風，安著兩座投箭高壺，上下椅卓光鮮，簾櫳瀟洒……」

這段最有趣的是「院內擺設榴樹盆景」，正可印証從前老北京所說的「天棚魚缸石榴樹」（這句諺語是笑古城中等人家千篇一律的庭院擺設，夏天必搭天棚遮日）原來起源於明代，並未始自清人也。

例二、第三十回，西門慶作了提刑官之後，突然由市井流氓搖身成爲現職官員，他居然也擁有「書房」了，書中藉應伯爵的眼睛描繪出這間書房的陳設佈置：

「裡面一明兩暗書房……二人進入明間……伯爵見上下放著六把雲南瑪瑙漆減金釘籐絲甸矮矮的東坡椅兒，兩邊掛四軸天青衢花綾裱白綾邊的名人山水，一邊一張螳螂蜻蜓腳一封書大理石心壁畫的幫卓兒，卓兒上安放著古銅爐鎏金仙鶴，正面懸著「翡翠軒」三字，左右粉箋吊屏，上寫著一聯：「風靜槐陰清院宇，日長香篆散簾櫳……伯爵走到東邊書房內，裡面地平上安著一張大理石黑漆縷金涼床，掛著青紗帳幔，兩邊描金彩漆書廚，盛的都是送禮的書帕尺頭，几席文具書籍堆滿，綠紗窗下放一隻黑漆琴卓，獨獨的放一張甸交椅……」。

書房裡所擺的都是晚明文人所說的最豪華也最俗氣的傢具和陳設，正好襯托出這個暴發戶人家。

例三、

清代小說本該用紅樓夢裡的例子，可是用紅樓夢作例子的文章已然不少，現在改用文康兒女英雄傳裡所描述安公子住房情形，正是清代一般讀書仕宦人家的臥室、起居室佈置的範例：

「安公子住的那房子雖是三開間，卻是前後兩捲，通共要算六間，金玉姊妹在東西間分住，屋裡的裝修隔斷都是一樣……張姑娘這屋裡，卻是齊著前後兩捲中縫安著一溜碧紗櫥隔作裡外兩間，南一間算個燕居，北一間算作臥室；何小姐便合張姑娘在外間靠窗南床上坐下……床上當中一般的擺著炕案，引枕坐褥，案上一個陽羡砂盆兒插著幾苗水仙，左右靠牆分列兩張小條案兒，這邊案上隨意放幾件陳設，那邊擺一對文奩；地上順西牆一張撬頭大案，案上坐鐘瓶洗之外，磊著些書籍法帖，案前一張大理石面小方桌，上面擺得筆硯精良，左右兩張杌子。北一面靠碧紗橱東西兩架書閣兒，當中便是臥室門，門上掛著蔥綠軟簾……身後炕案邊挂的四扇屏，寫的都是一方方的集錦小楷……來到大案前，看西牆挂著那幅堂幅，畫的是仿元人三多圖……兩傍那副描金硃絹對聯……。進了臥室門，只見靠西牆分南北擺兩座墩箱，上面一邊放著兩個衣箱，當中放著連三抽屜桌，被格上安著鏡台妝奩，以至茶筅漱盂許多零星器具，北面靠牆儘東頭安著一張架子床，懸著頂藕色帳子，那曲隔格子東找空地方豎著架衣裳格子，上面還大大小小放些零星匣子之類，那衣格以北，臥床以南靠東壁子當中放一張方桌，左右兩張凳子，那桌上不擺陳設，當中供一分爐瓶三事，兩旁一邊是青綠花觚，應時對景的養一枝血點兒紅的小茶花……一邊是個有架兒的粉定盤子擺著嬌黃的幾個玲瓏佛手……」——兒女英雄傳第二十九回。

文康這段描繪寫得既仔細又清楚，我們今天仍可以根據書中所記情形，可以畫出平面圖來，又他所講器物，我小時在古城親友家中也曾見過，就連擺設方式也差不多，可見他筆下的安公子住房不是空中樓閣，而是有所依據的。

五、結　論

由前人書中資料整理出一些有關明清人室內設計的情形，使我們可以大致了解傳統室內設計的情況，第一室內設計是少數有錢有閒的文人雅士的玩意兒，升斗小民忙於生活，從來也沒想到這些事，第二，那時候室內設計很少談到盡量利用有限的空間作最好的安排，可見當時還沒有人口密集，居住面積狹小的煩惱。第三，許多室內設計，家具陳設的安排，都沒有談到色彩調諧的事，也就是當時人還沒有想到現代人認爲室內設計最重要的色彩問題，這是一大缺憾。

當然這些傳統室內設計直到淸末門戶開放，外國人來華之後帶來許多洋式傢具，漸漸也被崇洋之士帶回自己家中，立即影響到我們古老的傳統形式，這些改變的情形在晚淸人所寫的小說裡依次出現。例如：專寫上海妓院情形的九尾龜，九尾狐，寫廣東新興的洋行買辦的繁華夢都有鋪設洋傢具，大銅床的描述，到此西風傳來，富厚之家大多是既有傳統的紫檀花梨木器，又有歐洲宮庭式的床和高背椅，於是中西雜陳，祇能展示主人的財富，卻談不上什麼高雅逸趣了。

由懷鄉作品推動的民俗研究

民國卅七年冬我來到台灣，最初是在澎湖馬公中學服務，卅九年夏我開始在省立花蓮師範教書，因爲花蓮地方安靜，開支小，我就住了下來。前後住了六年，中間雖然遇到花蓮大地震（四十年十月），受到驚嚇吃到苦頭，也沒想到搬家到西部去。直到四十六年才由東部搬到台北，到師大附中服務。這次搬遷對孩子對我都有助益，孩子搬到好學校讀書，固然是好事一樁；對我個人來說停頓已久的民俗研究可以再開始了。當年離開大陸時，除了隨身衣物，只有先父詩集一部和我自己民俗研究手稿兩部，書籍和辛勤收集的資料全都丟在北平老家沒有帶出來，如果想收拾舊業，只有一切從頭開始。因爲這六七年在東部，幾乎是爲生活而生活，個人等於沒有進修，那時候教育經費並不寬裕，各學校圖書室藏書都很貧乏，想買高水準的書幾乎沒有，受到這些限制，我心裡感到非常煩惱，卻是無可奈何。

從四十年起，我利用時間，飽讀了師大附中圖書室豐富的藏書，慢慢收集資料，準備寫一篇專門性論文，星期假日就去逛書店和舊書攤，因此我成了牯嶺街舊書店的老主顧，也找到好多珍貴少見的書。我買的除了一般文史書，其中我最珍視的就是卅八年以後來台人士所寫的故鄉風土書。我之所以珍惜這類的書並不是由於「同是天涯淪落人」的情結，乃是這些書本身的價值和它們所具的時代意義和影響力：

一、這些部書的作者大都不是專業作家，多數是各省追隨政府來台的軍公教人員，他們有的竟是抗戰時期就離家到大後方，抗戰勝利後，來不及回故鄉，又跟政府來台；有的則是抗戰時候，並未離家，抗戰勝利以後反而要遠走天涯。情況雖然不同，他們的書裡各自留下許多有價值的史料，並不全是記故鄉歲時習俗風土之作，很多是記親身遭遇的亂離、記地方叛變諸事，足可以作地方史史料用。

二、他們追隨政府來台，有的隻身離家，有的攜家帶眷，大都倉卒離家，除了隨身衣物，並沒有帶來多少錢財，到了這陌生的地方，謀生不易，必需努力工作，才能活下去。他們拋棄親人骨肉和祖業田園，這份生離死別的悲痛是無法消除的。何況音信斷絕，留在家鄉的人生死未卜，怎不叫人懸念憂慮？因此他們格外懷念家鄉，懷念過去的日子，大家不由得提起筆來描繪自己的故鄉，藉以抒解鄉愁，寫出好多部情文並茂之作；有心人士更聚集眾力，以同鄉會名義，發行刊物，紀錄鄉邦文獻，用意在保存地方史料，準備他日故土重光時，帶回去和前人所修的方志銜接起來，才不會讓這段歷史是片空白。

三、最初由於少數人所寫的懷鄉之作在書刊報紙上陸續出現，促使其他流寓在台人士也紛紛動手，各自為自己的故鄉繪出美好的形象。大而亭園古蹟，小而飲食蔬果以及鄉邦軼事、歲時禮俗，都有生動翔實的紀錄，一時蔚為風尚。不但推動了台灣民俗研究運動，也使好幾位年輕時根本沒想到寫作的人到了中年，竟意外的成了作家，其中最成功的就是唐魯孫先生和夏元瑜先生。兩位的大作成了五〇年代、六〇年代的暢銷書，眞是令人豔羨。

四、當時，出版商爲供應市場需求，都再版前人所寫的民俗風土書籍，不但私家出版公司印，就連外雙溪故宮博物院也再版刊印了民國廿四年北平市政府所編的舊都文物略，不久上海掌故叢刊和上海研究資料也刊行上市，古亭書屋還印了好多部台灣光復前日本人調查研究本省風土民俗之作。雖大多數沒有中文譯本，卻對研究民俗的人大有助益，再加上民俗學前輩婁子匡先生有計劃的整理編纂民俗資料叢編，使研究的人不愁沒有參考資料，可以安心進修，安心寫論文。不談別人，就說我自己在這段日子裡，慢慢重新買齊了我所需要的書，也順利的推展了我在民俗方面的研究工作，寫出一部中國生育禮俗考，陪我逃難的兩部論文稿稍加修訂補充，居然得到機會出版了。總之在台灣這四十多年，我的確沒有浪費光陰，雖沒什麼成就，至少沒交白卷，倒是足以自慰的。

五、由於和大陸隔絕，無法取得各省風景古蹟圖片，因此好多部四〇年代描寫各省風土的書大都有文無圖，再不就是搜集舊照片勉強充數，爲此許多舊畫刊、舊圖片也有人拿出來整理編輯成錦繡河山畫刊出售。後來台灣電視公司推出「錦繡山河」節目，主持人劉震慰先生眞是費盡心思去各處尋覓圖片，才能把節目播出；繼之而來的中視公司的「六十分鐘」節目，則更進一步採用國外媒體在中國大陸拍攝的紀錄片在節目播出，這些行動在在都明白表示，我們永遠不能忘懷故國河山，也不願永遠偏安一隅。二、三十年來，我們間接從國外得到許多報導，得知我們的故鄉已然殘破凋零，故鄉父老親人受到屠殺迫害，這些消息使我們痛心，使我們流涕，卻不能飛越台灣海峽回去一看究竟。及至民國六十三年侯榕生女士的「回歸夢醒」問世，這是第一部由國人親自揭露大陸眞相的報導。看到這部書的人無不流淚，因爲她所寫的情況遠比我們想像的還要悲慘，使我們越發想念故土，想念親人，大家耐心等候多年，政府終於明令開放到大陸探親。到此，從四〇年代開始以描繪故鄉風土，抒解鄉愁爲目的的寫作時代已然宣告終了，代之而起的是回到故鄉，探親人士所寫的報導。因此，我才整理多年收集的這一類書籍，去蕪存精，逐一介紹，希望編成一套叢書刊行問世，作爲四十年來台灣研究民俗的成果，也是大陸來台人士抒寫鄉愁作品的結集。因爲這些書的作者多已作古，他們的後裔不是童稚襁褓時候隨父母來台，就是在台灣出生的。這些原籍在大陸的年青人，他們只從父母口中得知一些故鄉情狀，從來和故鄉泥土沒有接觸過，自然沒有他們長輩那份情懷、那份經驗，當然寫不出和長輩一樣的作品，到此這一類書籍已到結束之期。若用歷史尺度衡量這些部書的價值，也許他們的文筆不及寫東京夢華錄的孟元老，寫夢粱錄的吳自牧，但是他們也和這兩部書作者一樣，眞實的紀錄下從清末民初到抗戰前後全國幾個主要都市情況，所描繪的並不限於一地。雖然目前這些部書的評價並不太高，但是若能保存留傳下去，供給後人作研究史料，那時候這些書必然會和東京夢華錄、夢粱錄一樣有很高的價值，因此我才想加以整理介紹。至於我選擇、編次的準則是以獨立成書的著作爲限。各省同鄉會所出的文獻期刊收集不易，只好割愛，還有特別出名的同類作品，只列書名，不作詳細介紹。我的目的在介紹埋沒不爲人知的好書，保存有價値的史料。人人皆知的暢銷書實不必多費筆墨去錦上添花。編排是依出版時間爲序。

一、閩南采風錄　鉛字排印本　民國四十三年　台北海曙出版社印行

是書題名爲溫陵王和聲編，封面有張貞隸書題簽，全書有九十九頁，前有泉州風景古蹟三十六張，分刊六頁。由於隻面刊印，致使畫面模糊不清，但可藉此看出當時台灣出版事業尙不發達，以及極力節省紙張的情形。全書不分卷帙，共有一百一十一段，用文言文介紹泉州人文逸事，地理山川、風土習俗爲主。據作者自序謂，述作目的在由地理、歷史、人文觀點，證明「閩台一家」。此書以介紹泉州爲主，不久將收集漳州廈門文獻，作爲續編。

作者仕履不詳，但由自序知作者自署溫陵，當然是隨政府來台的泉州人。由全書看來，作者對鄉邦掌故史料勤於採擇，執筆嚴謹不苟，亦足以使讀者增益見聞。此係我個人收集外省來台人士所寫故鄉風土書籍的第一部，刊行時間爲四十三年，是時政府遷台才五年而已，距今已有三十多年，時移事易，令人感慨良多，也足以說明此書自有其歷史價値也。

二、惜餘春軼事　油印本　民國四十八年　美明印刷廠印

「惜餘春」是揚州一家小酒店，這家酒店在淸末民初，極負盛名，因爲座上客多是當時知名之士，時當辛亥以後社會變革之時，過去的文人墨客無法適應，多聚在一起飲酒賦詩，發洩窮愁，自嘆不遇。作者杜紹棠，筆名負翁，也是座客之一。他來台灣以後，懷念故鄉，追思往事，隨筆記錄。初稿是在新竹寫的，後來遷居嘉義，再加增補，仍未刊印。民國四十

七遷居台北景美，重檢舊稿，決定體例，不分卷、不編年，才付梓印行。作者揚州舊學耆宿，著作很多，計有註揚州竹枝詞六種、蝸涎集正續編、惜餘春軼事、簾波花影錄及詩話聯話等十數種。其中註釋六家揚州竹枝詞一書最爲詳備嚴謹，其他則未能達此水準。由書中自述得知作者幼讀私塾，民國十年畢業於汝南中學。他當過兵、辦過報，抗戰時在北碚開過書店。他的生平可說是多彩多姿，據民國五十八年他在簾波花影錄自序，稱「時年七十有九」，推算他生於民前二十。他的著作我收集的不多，最欣賞的是揚州竹枝詞註，其次是惜餘春軼事，我之所以重視這部小書是因他所寫的人，很多跟民初文壇、政壇有關，頗有史料價值，寫的方式和清李斗「揚州畫舫錄」詳記清初流寓揚州名人事蹟，極爲相似，但他的簾波花影錄乃是晚年作品，書中雖有少量材料，足資考證，其餘多個人牢騷之話，只好割愛不錄。

三、憶揚州　六十年　台北市揚州同鄉會發行（屏東中國書局出版）

作者周秋如。前有杜紹棠（負翁）、楊祚杰兩序，作序者都是同鄉。由序文知作者也是揚州來台的軍公教人員。他這部書共有四十篇，先後在「揚州鄉訊」刊物上發表，後由編者楊祚杰編輯成書，命名爲「憶揚州」。內容有揚州歲時習俗、地方建設，更重要的是有關北伐前後、抗戰期間，以及新四軍在揚州的許多史實，都有很詳細的紀傳。由這部書可以了解，自隋唐以來就負盛名的大都市，經過多次戰亂，一再破壞，到了抗戰期間已然成了破落的蕪城。研究都市史的人，正可把清李斗揚州畫舫錄、清焦東周生「揚州夢」和這部「憶揚州」合起來讀，就可以對這個都市三百年的歷史有完整的認識了。若論這三部書的價值，揚州畫舫錄第一，憶揚州次之，揚州夢只有卷三所記社會風俗，最爲詳備可採，其他則花叢逸史，殊無足取。

四、上海閒話　鉛字排印本　民國五十年　台北世界書局印行

是書作者劉雅農爲世居上海望族，家住南市，來台後曾在世界書局任職，與楊家駱先生同事。此書前有常熟李猷題辭絕詩三首，楊家駱、郁元英序，及作者自序各一篇。李氏題辭之前有作者所畫橫貫公路合流寫生一幅，亦足以說明作者習於繪事。全書共分勝蹟、風俗、飲饌、異聞、瑣談、文苑、方言七類。文筆嚴謹、考證詳備，可算是一部高水準的地方志，唯一缺點是關於上海租界部分，記載過於簡略。或者作者身爲上海世族，對於喧賓奪主的租界，深感憾恨，不願多費筆墨耶？此書用的是傳統式的磁青紙封面，上黏白色紙題簽，由外表看來，即可知爲傳統式書籍，今天已然沒有人用這種形式了。全書最後記錄上海方言諺語，詳備可採。

五、故都風物　五十九年　台北正中書局鉛字排印本

本書作者陳鴻年是位老北平。他於卅八年隻身隨政府來台，任職於台北市政府，公餘之暇就以撰寫懷念故都文章自遣。他的文章在中央日報，大華、自立、民族三晚報刊登，頗獲好評。五十四年七月他病逝台北，他的四位朋友爲他整理遺稿，刪去重複，分類編輯，共有五章，全書二十多萬字，共有二百篇，內容極爲豐富，舉凡歲時，禮俗、風土、人情、旅遊各項，無不一一詳述。這部書最大特色是純以口語化文字寫成，暢達親切，有如面談。唯一

缺憾是文中常用一些北平特有名詞、用語，不加註釋，一般讀者不易了解。若選用一些作爲國語教材，倒是非常合於材的要求；另一特色是他的文筆充滿感情，有親和力，大約正是古人所說的「言爲心聲」。唯其對自己生長的鄉土有深厚的感情，才能寫出動人的感性文章，這是無可懷疑的。最大的缺憾也是沒有圖片。

六、方師鐸文史叢稿雜著編　七十四年　台北大立出版社排印本

作者方師鐸爲有名語言聲韻學家，原籍北平，來台後先後任教於台灣大學、東海大學。據作者自序稱，四十四、五年間，在課餘之暇，也寫些關於歲時習俗和故都北平的文章，陸續在報紙雜誌上發表，稿子存放起來，一直沒編輯成書，及至退休以後，整理生平著作準備出書時，才將這些稿子整理出來，編爲「刨根兒集」和「故都北平」兩部分，合爲全書的雜著編。「刨根兒集」雖是考據性質，大部分都和民俗史有關，極富參考價值；「故都北平」所寫，以名勝古蹟爲主。總之此書可和陳源年所寫「故都風物」相比較，題材雖沒有多少差異，但前者爲學人之文，後者爲一般市民之作，格調自是不同的。

七、春申舊聞、春申續聞　六十五年　台北世界文物社排印本

春由舊聞正續集和春申續聞的作者陳定公，他的父親就是清末民初的民族工業家天虛我生陳壽同。天虛我生是實業家，也是詩人作家，是屬於舊式才子型人物。陳定公幼承家學，又以豪門世家子弟，在上海交際圈裡結交了無數朋友，因此他熟知上海掌故軼事，自清末民初到抗戰前後，上自軍政名人，下到民間遊俠，以及佳人才子、演藝人員，都被他用流暢輕

鬆的文筆給紀錄下來，也爲由清末的「十里洋場」變爲國際大都市的上海寫下一部史詩。前後三集共二百二十一篇，最重要的是一篇上海租界百年年表，和一篇他爲他父親天虛我生寫的傳記。他的寫法極合於史法，只記錄而不加評論，一切供後人採擇判斷，這一點實令人敬佩。無怪尙未結集成書，就已得到中外人士的好評。Free China Review Vo.5 No.1 關於舊聞一書，也寫了一篇書評爲序。研究上海史，研究近代我國社會變遷史，以及中國工商業史的人，都該研讀這部書。

此外以叢書形式刊行的代表作另有寧波叢書和福州采風錄。這兩部書都是收集同鄉會所發行的刊文章編輯而成，作者不是一人，內容也自不同。

寧波叢書共有四集，第一集「寧波鄉諺淺解」湯強著，第二集寧波習俗叢談，第三集寧波風物述舊，第四集寧波藝文什誌，後三集都爲張行周採自寧波同鄉會月刊中作品分類編輯而成，自六十二年到六十七年，前後經過四、五年，才由台北民主出版社刊行。這四部書合起來，對研究寧波地區風土民俗的人，提供了豐富的資料。另一部則是由方冠英主編，將福州同鄉所編羅星塔月刊內，所刊有關福州風土習俗、掌故傳說的文章編輯成書，命名爲「福州采風錄」，共七篇。由於出於衆手，各述知見，故內容極爲豐富，足資研究參考。不僅可傳之子孫，亦可使勿數典忘祖也。

以上所介紹的書不過鼎中一臠，實不足以證明四十年來台灣民俗研究成績全貌。只是個人精力有限，時間不足，多年收集，所藏亦不過三、四十部。但據文建會所編中華民國作家作品目錄，所記錄有關懷鄉作品，刊行最多的時期多爲五十年代到七十年代，其中尤其值得一提的是小民喜樂伉儷合作的書。小民寫稿，喜樂用他的畫筆描繪出故都風貌，生動眞切，有如目睹，因此得到極高評價。他們的作品至今暢銷，使同時期有文無圖的作品因之失色不少。

追溯這四十年來台灣民俗研究運動，最初不過由少數懷鄉作品的涓涓細流，逐漸發展到了五〇年代的興盛時期。不但民間熱心研究，著述不絕，政府文教機構亦多方配合。因此這項民俗研究運動，既整合了我們民間文化，也化解許多不必要的地域觀念，更爲六〇年代追尋本土文化的工作者作了準備，奏出前奏曲。民國六十年元月，英文漢聲雜誌社正式發刊，其後雲門舞集公演；民俗曲藝雜誌發行，年青一代民俗學者人才輩出，正好接替老一輩的歷史任務，爲延續民族文化，傳承民族文化而工作下去。也正足以證明台灣並非文化沙漠，四十年來台灣知識分子更非沉迷功利，的確有一份好的成績單，公之於世，這是足以自豪的。

從另一角度看張恨水小說

記得是在民國廿年以後，天津大公報文學週刊上刊出一篇評介張恨水小說的文章，由於這篇文章才提醒我去閱讀他的小說。

評介文章的作者是誰，事隔多年我早已忘記了，只記得作者是研討張恨水第一部成名之作「春明外史」所以暢銷的緣故。

那時候正當北伐成功之後，許多有關軍閥和北洋政府官僚政客的內幕新聞都已不再禁諱，言者無罪也不會惹火燒身，同時這些內幕新聞正是大多數人所樂於知道的。張恨水在新聞界服務，他聽到的內幕新聞自然更多，於是他就利用這些資料，寫作他第一部通俗小說「春明外史」在報上連載，沒想到刊出之後大受歡迎，從此他的小說就暢銷起來，天津上海有名的大報也都有他的連載；三十年代他是通俗小說最負盛名作家，有人拿他和日本的菊池寬相比，稱他爲「中國的菊池寬」呢。

張恨水那部成名之作的「春明外史」，論文學價值並不高，大約跟晚清人所寫的官場現形記，二十年目睹之怪現狀差不多，都是結構不好，題材散亂，缺乏明確的主題意識，他只是把北洋政府時代北京城裡的各色人等生活故事寫下來而已，其中有軍閥、官僚、政客，也有名士、遺老、名伶、名妓，還有老派人看著不順眼的洋派大學生，雖然寫得不夠深入，卻也透露出許多內幕新聞和花邊新聞，正好滿足讀者好奇心理的要求，他的小說能夠暢銷，主要原因就是爲此吧。

寫「春明外史」的時候張恨水仍然未擺脫古老章回小說的影響，這部書前半，仍用的是「花月痕」模式，花月痕男主角韋癡珠是一位幕客，春明外史男主角楊杏園就現代化，變成一位報館記者了，兩書女主角都是名妓，花月痕的女主角劉秋雲吟詩塡詞，是一個不食人間烟火的才妓，春明外史的女主角梨雲是八大胡同淸吟小班的南妓，書中並沒有談到她有何特色，只是一個楚楚堪憐的小女人而已，因此這個愛情悲劇太平凡實在沒有什麼令人欣賞的價值。

倒是他以楊杏園爲線索——一個記者所能接觸到的各階層人物爲題材，寫得相當生動，有些人物叫人一看就知道他寫的是誰，例如他寫安福系的王揖唐，還有王克敏李彥青、捧女戲子的遺老名士易實甫、樊樊山，政治和尙現明，有名的梁廚子等等大小人物都在書中留下剪影；寫事也給後人留下可以運用的材料，他寫富連成科班學生的生活，也寫同善社、悟善社爲神仙拍照的騙局，這種手法跟淸末曾孟樸所寫的孽海花一樣，都是用一個人爲線索串聯書中所有的故事人物，抗戰前就有人寫過孽海花索隱，仔細說明這部小說中的人物，某人是誰，某人又是誰，記得世界書局刊本最後就附錄了這篇文章，可作參考。

由於「春明外史」的成功，他又寫了一部「春明新史」，這部書篇幅比春明外史略短，仍用的是春明外史方式，書中可以明顯指出的人物有「倒戈將軍」馮玉祥，「狗肉將軍」張宗昌等等，故事有梅蘭芳孟小冬因合演遊龍戲鳳而相愛，褚玉璞槍斃名武生劉漢臣，有四大名旦合演四五花洞幾件梨園行的軼事，雖沒有太高的文學水準，卻可以藉此窺見北伐前故都的社會情況。

抗戰前，他寫了好多部小說，其中最出名的是「啼笑姻緣」，這部小說曾被拍成電影，胡蝶在戲中一人扮演兩角，一個是在天橋賣唱的沈鳳喜，另一個是豪門千金何麗娜，她之所以一人扮兩角是因為書中這兩個身分不同的女子容貌卻是非常相似的。男主角是一個從南方來北京念大學的大少爺，大少爺沒有貧富不同和階級身分的觀念，愛上賣唱的女孩子，可是沒有終成眷屬，賣唱的女孩被她叔叔賣給軍閥劉將軍作妾，後來她因私會舊日情人，被逼得發了瘋，大少爺最後和豪門千金結了婚，這部小說本來沒啥稀奇，就因拍成電影而聲價大增，可是當時左派文人卻大加抨擊，罵這部啼笑姻緣是住在上海租界豪華的花園洋房裡的太太小姐們打完麻將之餘的消遣讀物，這話似乎很刻薄，其實張恨水的小說和左派所倡導的「普羅文學」根本是扯不到一塊的。

後來他又以民初北洋政府國務總理錢能訓家的故事為藍本，寫了一部金粉世家，他的本意是模仿紅樓夢的，可是功力不夠，筆力單弱，他既沒有曹雪芹那樣的生活經驗，雖極力想描繪出豪華的生活，但總嫌不夠眞切。這部書後來也被拍成電影，卻沒有「啼笑姻緣」那樣轟動了。

在抗戰前他又寫了好多部小說，我只斷斷續續的讀過，如今早已忘了，及至抗戰軍興，他寫了一部「彎弓集」，是他的短篇小說，書名是取后羿彎弓射日之意，可算是一部抗戰文學作品，後來他就去了大後方，以戰時首都重慶爲背景，寫出抗戰時期的生活剪影，可是我一直留在北平，因此沒有機會即時看到他的書，直到抗戰勝利以後，我才看到他兩部以抗戰爲背景的作品，一部是紙醉金迷，一部是巴山夜雨。書中談到重慶大轟炸，通貨膨脹，在淪陷區與大後方之間的「跑單幫」，滇緬公路上開大卡車的司機以及躲在防空洞裡苦中作樂謅打油詩的大學教授們，還有本地人和「下江佬」之間由互相歧視變爲互相扶助，本地小姐作了「下江佬」的「抗戰夫人」種種事情，可算是很不錯的抗戰生活紀錄。

抗戰勝利以後，張恨水回到北平，他又以到北平接收的政府大員，被北平漢奸們用美人計，以坤令言慧珠爲誘餌，設法賄賂接收大員替他們脫罪的故事，寫了一部「五子登科」，所謂「五子」者即是「位子」、「房子」、「車子」、「條子」和「女子」，這部小說諷刺接收大員來到淪陷區接收，子女玉帛一應俱全，足可大撈一番了。寫完這部「五子登科」，時局已然相當危急，聽說張恨水就用這部小說向中共靠攏，靠攏以後他的情況如何，有沒有再寫新書，那時我已來到寶島，就一無所聞了。

總之，張恨水在三十年代通俗小說家中可算是寫的層面廣、產量多、風評好的第一位作者，我們對他的確該有適當的評價和肯定，拋開文學不談，就我這學歷史的人來看，從張恨水的小說裡，可以找到許多從民初到抗戰這一段日子，我們社會生活的剪影和紀錄，這就是我要寫這篇介紹文章的動機。另外他還有一個特殊貢獻就是他在幾部小說中塑造出北洋軍閥張大帥和丁副官的形象，我們的電影和電視都沿用至今未改呢。

乙、醫學

中國傳統飲食衛生

傳統的飲食衛生

中國菜是世界知名的，因爲中國菜烹調技術經過幾千年的研究改進，已然登峰造極。在技術方面，中國的煎、炒、烹、炸固然各有其妙，中國菜所用的材料更是無所不包。山珍海味、草木蟲魚，都被庖廚高手選來，用不同的技術，做成色、香、味三絕的佳肴美饌，然後端上桌子，吃進肚子。中國人好吃、中國菜好吃的名聲因此傳播到世界的每一個角落。然而，許多人也因此認爲中國人只講究「味道」而不重視營養，只求滿足口腹之慾卻不注意飲食衛生。其實這種批評是錯誤的，因爲講話的人並沒有先研究過有關中國傳統飲食衛生的古籍，用客觀的態度來批評，這種批評自然不足採信。

早在孔子和道家思想中，就有注重飲食衛生的觀念

古人說：「民以食爲天」但同時也說「病從口入」。可見古人既重視「吃」，也注意飲

食衛生。不要說專講「養生之術」的道家了，連重視「修齊治平」的孔子也非常注意飲食衛生。「論語」鄉黨篇詳細的記錄著孔子的日常飲食習慣：

食饐而餲，魚餒而肉敗不食，色惡不食，臭惡不食，失飪不食，不時不食。

這裡講的是飯的味道變酸了就不要吃，魚和肉放久了開始腐壞時也不要吃，任何食物的顏色看起來怪怪的就不要吃，聞起來有臭味或怪味的都不要吃，燒得半生不熟的或燒糊、燒焦的都不要吃。「不時不食」則有兩個解釋：一是每日三餐各有定時，不可任意更改，不到吃的時候絕對不吃；另一個解釋是「非時」之物不吃，因為一年四季各有應時的瓜果蔬菜可吃，實在不必吃那些珍奇的「非時」之物。鄉黨篇裡還有一段敘述：

肉雖多不使勝食氣，唯酒無量不及亂；沽酒市脯不食，不撤薑食，不多食。

上面這段談的是飲食的分量和食品衛生問題。「肉雖多不使勝食氣」是指魚肉蔬菜是「佐食」，五穀才是主食，也就是要人多吃飯少吃菜。這個觀念幾千年來一直主宰著中國人的飲食習慣，以至於大多數人都是澱粉類吃得太多，其他四類食物則普遍缺乏。「沽酒市脯不食」因為市場賣的熟肉和酒不知道是不是清潔衛生，所以不敢吃喝，生怕病從口入。至於酒量大小各人不同，飲酒該斟酌酒量，不要勉强別人，更不要逞强。尤其重要的是不要喝得大醉，失態出醜，被人譏笑那就太不值得了。古人說：「酒以合歡，非以亂性」，這兩句話正是飲酒的準則。古人認為薑是日常不可缺少的調味品，對除腥味、止痛、止嘔，都很有效，所以孔子主張「薑」應每日必備，至於「不多食」，就是不論飲或食都不可過量，才是衛生之道。

道家希求「長生久視」，因此非常注意飲食衛生，「抱朴子」內篇卷十三極言篇對此有詳細的指示：

沈醉嘔吐傷也，飽食即臥傷也……不欲極飢而食，食不過飽，不欲極渴而飲，飲不過多，凡食過則結積聚，飲過則成痰癖；不欲多啖生冷，不欲飲酒當風……五味入口不欲偏多，故酸多傷脾，苦多傷肺，辛多傷肝，鹹多傷心，甘多傷腎……

這段話詳細敘述了飲食過量的後果，同時也警告人不可飲食不定時不定量，否則會傷害身體。最後作者提出「五味偏多」的說法，這正是傳統「五行之說」的一環。「五行」之說一直支配著整個中國傳統文化，也困擾著有志研究、整理文化遺產的人。我個人對「五行之說」沒有深入的研究，故不敢妄加論斷。

研究中國傳統飲食衛生，主要的資料來源有二，其一是道家有關養生的著作，其二是古醫書。翻翻公私典籍目錄我們可以發現這類的書籍非常多，要想整理出來，作有系統的詮釋確實不容易。元人忽思慧的「飲膳正要」是一部集大成的醫書，另外，元人賈銘的「飲食須知」對各類食品的寒溫性和「宜」、「忌」有非常詳細的說明。現在我根據這兩部書，再參考其他古籍，對我國傳統飲食衛生作一般性的介紹。

傳統的飲食宜忌可依對象或適用情況歸納成六大類

古人醫書裡最常出現的是「宜忌」這個名詞。簡單的說，「宜」是應該，「忌」是不應該的意思。飲食要避忌，不避忌就會有不良後果。經過整理分析，我們可以將古人所談的飲食宜忌歸納爲一般宜忌、歲時宜忌、孕婦宜忌、老人宜忌、幼兒宜忌、疾病宜忌六類。

希望人人奉行的「一般宜忌」

古人告誡人要「愼言節飲食」，可見先賢所講「修身」是包括精神和身體兩方面的，任何一方面都有「過」與「不及」的缺失，只要有了缺失都會影響健康，所以「飲膳正要」中首先提出「守中」的觀念：

保養之法莫若守中，守中則無過與不及之病，調順四時，節愼飲食，起居不妄，使以五味調和五藏，五藏和平，則血氣資榮，精神健爽，心志安定，諸邪自不能入，寒暑不能襲人，人乃怡安。

然雖食飲非聖人口腹之欲哉，蓋以養氣養體，不以有傷也，若食氣相惡則傷精，若食味不調則損形……食飲百味要其精粹，審其有補益助養之宜，新陳之異，溫涼寒熱之性，五味偏走之病，若滋味偏嗜，新陳不擇，製造失度，俱皆致疾；若貪爽口而忘避忌，則疾病潛生。

這兩段話總結起來是要人節愼飲食，定時定量，營養均衡，必求精潔；這幾個原則和現代人的飲食衛生正是不謀而合。古書對一般性宜忌的主張可分爲飲食守則、食品衛生、飲酒、避忌三項：

甲、飲食守則：「飲膳正要」卷一養生避忌篇：

故善養性者，先飢而食，食勿令飽，先渴而飲，飲勿令過；食欲數而少，不欲頓而多，蓋飽中飢，飢中飽，飽則傷肺，飢則傷氣，若食飽不得便臥，即生百病。

又明鄺璠的「便民圖纂」卷十起居類也有關於飲食衛生的指示：

飲食務取益人者，仍節儉爲佳，若過多覺膨了短氣，便成疾。

陶隱居云食戒欲麄幷欲速，寧可少食相接續，莫教一飽頓充腸，損氣傷心非爾福。（按：「麄」是狼呑虎嚥。）

凡食訖以溫水漱口，則無齒疾。

晚飯少及臥不覆面，皆得壽。

晚飯後徐步庭下，無病。

飽忌沐，飢忌浴。食飽即睡成氣疾。凡睡覺飲水更眠成水癖。

乙、食品衛生：古人主張食取精潔，「沽酒市脯不食」就是要人選擇新鮮潔淨的食品來吃，才合乎衛生，「飲膳正要」卷二食物利害中說：

麵有臭氣不可食，生料色臭不可用，漿老而飯溲不可食，諸肉非宰殺者不可食，豬肉臭敗者不可食，豬羊疫死者不可食，臘月脯臘之屬或經雨漏所漬、蟲鼠嚙殘者勿食，海味糟藏之屬或經溼熱變損、或日月過久者勿食，不時者不可食，諸果核未成者不可食。

明鄺璠「便民圖纂」卷十飲食宜忌中提到：

生冷粘膩筋韌物，自死牲牢皆勿食，饅頭閉氣莫過多，生膾偏招脾胃疾，酢醬胎卵兼油膩，陳臭淹藏盡陰類，老人朝暮更湌之，是借寇兵無以異。

空心茶，卯時酒，申時飯，皆宜少。

銅器內盛酒過夜者不可食……一應簷下雨滴菜有毒，茅屋漏水入諸脯中，食之生癥瘕，陶瓶內插花宿水及養臘梅花水飲之能殺人，吐多飲水成消渴。

丙、飲酒避忌：殷商人沈迷於酒以致亡國，因此古聖先賢無不告誡人要節飲，飲酒過量，誤事傷身，皆爲不智之舉。「飲膳正要」卷一飲酒避忌中關於飲酒時的避忌有下列幾項：

飲酒不欲使多，知其過多，速吐之爲佳，不爾成痰疾。

酒不可久飲，恐腐爛腸胃，漬髓蒸筋。

醉不可強食、嗔怒，生癰疽。

醉不可走馬及跳躑，傷筋骨。

空心飲酒，醉必嘔吐。

又鄺璠「便民圖纂」卷十也談到飲酒的避忌：

凡晦日不宜大醉，蓋人之血脈隨月盈虧，方月滿時則血氣實，肌肉堅；至月盡，經絡虛，肌肉減，衛氣去矣，當是時也，又大醉以傷之，是以重虛，故云晦夜之醉，損一月之壽也。

宋張喬英「雲笈七籤」卷三十六引孫氏傳曰：「夫人食愼勿慍怒，勿臨食上說不祥之事，勿吞咽忽遽」，可見古人早知道飲食之時不該鬧情緒。現代人時常說吃飯時候餐桌氣氛要保持愉快和諧，作父母的不可以在吃飯時罵孩子，任何人都不該藉吃東西或喝酒來發洩心中的不快，這會造成不良的後果，暴飲暴食和狼吞虎嚥都不合於衛生之道，細嚼慢嚥才是正道。其實這類的說法古籍裡有不少記載。另外還有許多口耳相傳的經驗之談也値得再加硏究，才能知道哪些說法純屬迷信，哪些說法雖然前人沒有合理的解釋，今天以科學眼光看來，卻是很有道理，不該廢棄的。

配合季節時令的「歲時宜忌」

傳統的「天人合一」思想一直支配著中國人。老子主張「人法天」，「天」既有四季不同的變化，人就該配合季節而有不同的因應措施。上自天子施政，下至一般人生活起居，都該配合節氣以合乎天道。

古人按照歲時季節各有不同的該吃或應禁食品。宜忌的根據是傳統陰陽五行生剋之說。歲時宜忌最早的文獻是「禮記」月令篇。由於歲月的累積，許多某一季節宜食之物逐漸演變爲點綴歲華的應節食物。古籍中歲時宜忌的記載多得不勝枚舉。專談養生應該配合時令的書也非常多，例如宋姚稱的「攝生月令」，元邱處機的「攝生消息論」，元瞿祐的「四時宜忌」，明冷謙的「修齡要指」等等談的都是道家養生之術，只是內容過於繁瑣。爲了易於瞭解，我從「攝生消息論」四時宜忌、「飲膳正要」中擷取飲食宜忌部份的精要列表介紹：

書名 季節	飲膳正要	攝生消息論	四時宜忌
春	春三月，春氣溫，宜食麥以涼之，不可一於溫也，禁溫飲食 二月內勿食兔肉 二月勿食蓼，發病；三月勿食蒜，昏人目	當春之時，食味宜減酸益甘，以養脾氣	元月服桃仁湯伏百邪，是月食虎豹狸肉，令人傷神，不得食生蔥、蓼子，勿食蟄藏不時之物 是月勿食鼠殘之物，令人生瘻 二月勿食黃花菜、陳菹，勿食大、小蒜 三月勿食雞子
	夏三月，夏氣熱，宜食菽以寒	夏雖大熱，不宜食冷淘冰、雪	四月宜吃蔥頭酒，勿食雉，

夏	秋
之，不可一於熱也，禁溫飲食、飽食 四月勿食胡荽、生狐臭 五月勿食韭，昏人五藏 五月勿食鹿	秋三月，秋氣燥，宜食麻以潤其燥，禁寒飲食 六、七月勿食雁 蟹八月後可食，餘月勿食 九月勿食犬肉，勿食著霜瓜
蜜冰、涼物，飽腹受寒，必起霍亂；莫食瓜茄生菜，每日宜進溫補平順丸散，戒肥膩	當秋之時，食味宜減辛增酸。 立秋之後，宜和平將攝，不宜吃乾飯、炙煿，並自死牛肉生膾黏滑難消之物，及生菜、瓜果、鮓醬之類
勿食鱔魚，忌食隔宿肉菜之物 五月午時飲菖蒲，雄黃酒，辟百病 五月不可多食茄子，損人動氣，勿食薺菜，發皮膚瘋 六月宜飲烏梅湯以祛暑 六月勿食韭，勿食羊肉、羊血	七月勿食蓴菜，上有蟲害人，勿食韭，損目，勿食雁，勿食生蜜 八月勿食萌芽，勿多食新蔥、生蒜，自霜降後方可食蟹 九月取枸杞子浸酒飲，令人耐老 九月勿食脾，勿食犬肉，勿食霜下瓜

冬	冬三月，冬氣寒，宜食黍，以熱性治其寒，禁熱飲食 十月勿食椒，傷人心 十月勿食熊肉	冬三月，飲食之味宜增酸減苦；以養心氣，宜服酒浸補藥，不可多食炙煿、肉麵、餛飩之類	十月宜服棗湯、地黃煎等，忌食豬肉 十一月冬至日宜吃赤小豆粥，勿食生菜，勿食龜、鼈肉，勿食生韭和食螃蟹 十二月千金方，勿食豬脾

講求優生的「孕婦宜忌」

傳統習慣中，婦女懷孕之後必須遵守「胎教」。「胎教」對孕婦的起居飲食，言詞行動都有嚴格的規定：目不視惡色，耳不聽邪聲，口不食異味，寢不側，坐不邊，立不蹕，忌見死喪悲苦之事、破體殘疾之人，宜見喜慶美好事物，則生子必然健康聰明。「胎教」之說在我國已有兩千多年歷史，西漢賈誼「新書」裡曾引戰國人所著「青史子」中有關「胎教」的說法，晉張華「博物志」卷十也有許多孕婦的禁忌。經過時間的累積，關於胎產的禁忌和迷信越積越多，甚至不同地區，胎產的禁忌也不盡相同。我在拙作「中國生育禮俗考」裡已談過很多，茲不再贅，現在只就孕婦飲食方面的宜忌來研討。

晉張華「博物志」卷十雜說篇曾說孕婦不可食兔肉，令子缺唇」，又說「不可食生薑，令子多指」「不可食螃蟹，食則橫生倒產」。今天看來這些禁忌純屬迷信，若以營養學觀點來看，就無法解釋了。元人「飲膳正要」卷一妊娠食忌篇裡列出多種孕婦禁吃的食物，也講到不守禁忌的後果，今列表於後：

食物名	不知避忌的後果
食兔肉	令子無聲缺唇
食山羊肉	令子多疾
食雞子、乾魚	令子多瘡
食雀肉、飲酒	令子心淫情亂，不顧羞恥
食雞肉、糯米	令子生寸白蟲
食雀肉、豆醬	令子面生黚黯

食鼈肉	令子項短
食驢肉	令子延月
食冰漿	絕產
食騾肉	令子難產
食桑椹、鴨子	令子倒生

延年益壽的「老人宜忌」

孔子說：「及其老也，血氣既衰，戒之在得」。他勸老人「戒之在得」，是指名利權勢方面的。其實人到老年，血氣既衰，不但應該淡泊名利，就是口腹之慾也不要貪，才能康強長壽。古籍裡有許多研討養老之道的書，遜思邈「千金翼方」卷十養老大例，對老年人性情和心理有很詳細的說明，對老年人的日常生活也有很正確的指示。我整理出其中有關老年人衛生的資料，介紹於此：

夫善養老者非其書不讀，非其聲勿聽，非其食勿食，非其食者，所謂豬㹠、雞魚、蒜鱠、生肉、生菜、白酒、大酢、大鹹也，常學淡食，至如黃米、小豆，此等非老者所宜食，故必忌之。常宜輕清甜淡之物，大小麥麵粳米等爲佳，又忌強用力齩齧堅硬脯肉，反致折齒破斷之弊……

仔細研讀這兩段話就可知道孫思邈指示老年人飲食的主要原則是：一、油膩及刺激性的食物不要吃。二、要淡食。三、不易咀嚼不易消化的食物不要吃。

作者又在養老食療篇裡作了更具體的說明：

人子養老之道雖有水陸百品珍饈，每食必忌於雜，雜則五味相撓，食之不已爲人作患，是以食致鮮肴務令簡少，飲食當令節儉，若貪味傷多，老人腸胃皮薄，多則不消，膨脹短氣，必致霍亂，夏至以後，秋分以前，勿進肥濃羹臛酥油酪等，則無他矣。夫老人所以多疾者，皆由少時春夏取涼過多，飲食太冷，故其魚膾、生菜、生肉、腥冷之物宜當斷之，惟乳酪、酥蜜常宜溫而食之，此大利益，老年雖然卒多食之，亦令人腹脹、瀉痢，宜漸漸食之。

這兩段話告訴我們老人飲食忌雜，夏秋之間忌食油膩，宜食乳酪、酥蜜等營養豐富的食物，但是分量要慢慢加多，不宜突然大量進食，以免腹瀉。

孫氏這幾段話雖是一千多年前的說法（孫思邈是隋唐間人），卻和現代營養理論並無多大差異。由於他本人既是養生有道的人，又是醫生，自然和那些服食只求長生的道士大不相同。

乳母與嬰兒並重的「幼兒宜忌」

嬰兒未出娘胎，母親就要遵守「胎教」，可見古人是多麼重視兒女的保育了，出生之後要把嬰兒哺養長大，更是件不容易的事。古代醫藥不發達，迷信禁忌又多，略加檢視，就可發現古籍裡許多育嬰主張都不足採信，例如幼兒「關煞」之說，我只能擇錄一些言之成理的規戒列舉於後。

古時候貴族之家的嬰兒都由乳母哺乳看顧，因此乳母的健康直接影響到嬰兒。首先要選擇健康無宿疾的乳母，哺乳期間有許多應該遵守的禁忌，及至嬰兒斷乳以後還有許多特殊禁忌必須奉行，以求嬰兒康強無病。乳母和嬰兒既有不可分的關係，我們就把兩者的資料合起來介紹：

甲、乳母食忌：

子在於母，資乳以養，亦大人之飲食也……況乳食不遂母性，若子有病無病，亦在乳母之愼口，如飲食不知避忌，倘不奉行，貪爽口而忘身適性致疾，使子受患，是母令子生病矣。

以上這一段是泛論，我將所列雜忌內容歸納爲五項，列表於下：

	避忌	不知避忌的後果
季節	夏勿熱暑乳	子偏陽而多嘔逆
	冬勿寒冷乳	子偏陰而多咳痢
情緒	母不欲多怒	怒則氣逆，乳之令子顛狂
疾病	母若吐時則中虛	乳之令子虛弱
	母有積熱，蓋赤黃爲熱	令子變黃不食
生活	母不欲醉，醉則發陽	乳之令子身熱腹痛
	母勿太飽乳之，母勿太飢乳之，母勿太寒乳之，母勿太熱乳之	子有瀉痢、腹痛、夜啼疾
	乳母忌食寒涼發病之物	子有積熱、驚風、瘡瘍

食物	乳母忌食溼熱動風之物，乳母忌食魚蝦、雞、馬肉發瘡之物，乳母忌食生茄、黃瓜等物	子有疥癬瘡疾

乙、嬰兒避忌：民間有關嬰兒禁忌繁多，泰半是迷信，茲不徵引。「便民圖纂」卷十起居類最後有嬰兒所忌共有四忌，前三忌皆與現代醫學說法不謀而合：

1.古云：兒未能行，母更有娠，兒飲妊乳，必作魃病，黃瘦骨立，發熱髮落。現代人認為嬰兒六月以後，就該添加其他食物，否則就會營養不良。若是母親再懷孕，母乳數量就會日漸減少，嬰孩自然面黃飢瘦。

2.小兒多因乳缺，喫物太早，又母喜嚼食餵之，致生疳病，瘦弱、腹大、髮堅、萎困。從前小兒缺乳，沒有奶粉可代替母乳，多以澱粉類製成米漿或粥來餵養小兒，自然營業不夠。母親嚼食哺餵，根本違反衛生之道，更容易傳染疾病。

3.養子直訣：喫熱莫喫冷，喫軟莫喫硬，喫少莫喫多。這三個要訣，今天看了仍然有奉行的必要，至於「勿令就瓢及瓶中飲水，令兒語訥」之類就不盡可信了。

針對病人飲食、服藥和防治中毒的「疾病宜忌」

人在生病期間身體虛弱，消化吸收機能也會變弱，因此要選擇合適的食物，還要遵守醫生的指示，生某種病忌吃某幾種食物，例如通常服藥的人一律不許喝綠豆湯。最初我認爲這不過是沒有根據的禁忌，後來翻閱「本草綱目」在卷二十四綠豆條下看到「解一切藥草、牛馬、金石諸毒」的說明，才明白這條禁例是從「本草綱目」裡來的，又「本草綱目」卷二有服藥禁忌三條：

1. 凡服藥不可雜食肥豬肉、犬肉、油膩、羹鱠、腥臊、陳臭之物。
2. 凡服藥不可多食生蒜、胡荽、生蔥、諸菜、諸滑滯之物。
3. 凡服藥不可見死屍、產婦、淹穢等事。

前二條所禁食物，不是不易消化就是有刺激性，故是合理的規戒。第三條的避忌可以說是心理方面的，由於怕沖犯了病人，凡是不潔不吉之事都該避忌，這不過是一種傳統的俗信而已。

「疾病宜忌」可分爲四項：一、一般病人應該遵行的飲食規律。二、患某種病絕對不可以吃某些種食物，這就是我們通常所說的「忌口」。三、服某種藥絕對不可以吃某種食物，及某藥忌和其他種藥同服，就是通常所說的「藥性相反」。四、某種食物絕對不可以和某種食物同吃，同吃就會中毒或生病，這就是一般所說的「食忌」。第一項即上面「本草綱目」

中提的，其他避忌都分散在許多古籍裡，為了便於查閱，我將這些資料整理出來，列表於後：

「忌口」（根據鄺璠「便民圖纂」卷十編製）

疾病名	食物名	不知避忌的後果
有風疾者	忌胡桃、豬頭、豬嘴	食之立發
有暗風者	忌櫻桃、豬頭、豬嘴	食之立發
時行病後	忌魚膾、蟶、鱔魚、鯉魚	再發必死
患瘡者	勿食羊肉	恐發熱即死
牙齒有病	勿食棗	
時氣病後百日之內	忌食豬、羊肉、並腸血及肥魚、油膩乾魚	犯者必大下痢不可復救

	又禁食麵及胡蒜、韭、薤、生菜、蝦	食此多致傷，發則難治又令他年頻發
患心痛，心恙者	食獐心及肝	迷亂無心緒
患腳氣者	忌食甜瓜，兼不可食鯽魚	其患永不除
黃疸病	忌麵、肉、醋、魚、蒜、韭、熱食	犯者即死
患喀血、吐血，及鼻衄、齒 諸血病者	忌酒、麵、煎煿、醃藏、海味、硬冷難化之物	
有痼疾者	勿食麂與雉肉	
患癧者	不可食薑及雞肉	
患癩者	不可食鯉魚	
瘦弱者	不可食生棗	

病瘥者	勿食薄荷	令人虛汗不止
傷寒得汗後	不可飲酒	
熱病瘥後	勿食羊肉	
久病者	食奈子	加重
生產後	忌生冷物，唯藕不爲生冷	爲藕能破血

按：古人所謂「時行病」、「時氣病」，即流行傳染病，也就是古人所說的「瘟疫」。

服藥避忌（根據忽思慧「飲膳正要」編製）

配藥	食物名	不知避忌的後果
有朮	勿食桃、李、雀肉、胡荽、蒜、青魚等	
有藜蘆	勿食狸肉（一作猩肉）	
有巴豆	勿食蘆筍及野豬肉	
有地黃	勿食蕪荑（鄺氏書爲服地黃、何首烏忌蘿蔔）	
有黃蓮、桔梗	勿食豬肉	
有半夏、菖蒲	勿食飴糖及羊肉	
有甘草	勿食菘菜、海藻	
有牡丹皮	勿食生胡荽	

有細辛（鄺氏書作細辛、遠志）	勿食生菜	
有商陸	勿食犬肉	
有常山	勿食生蔥、生菜	
有空青、朱砂	勿食血（凡服藥通忌食血）	（鄺書爲服丹藥，空青、硃砂，不可食蛤蜊並豬羊血及綠豆粉）
有茯令	勿食醋	
有鼈甲	勿食莧菜	
有天門冬	勿食鯉魚	

「食忌」（根據忽思慧「飲膳正要」編製）

不可同食之物	傷害
馬肉不可與倉米同食	
不可與蒼耳、薑同食	
豬肉不可與牛肉同食	
不可與芫荽同食	傷人腸
不可與羊肝同食	
不可與生薑同食	發大風（出鄭氏書卷十）
羊肝不可與椒同食	傷心
不可與豬肉同食	（鄭書謂羊肝與生椒同食傷五臟，與栗、小豆、梅子同食傷人）
兔肉不可與薑同食	成霍亂（鄭書謂兔肉與白雞同食發黃，與鵝同食血氣不行，與藕、橘同食成霍亂）

牛肉不可與栗子同食	（鄭書謂牛肉與薤同食生疣，又不宜與栗子、蘿蔔同食）
羊肚不可與小豆、梅子同食	傷人
羊肉不可與魚膾、酪同食	
馬嬭子不可與魚膾同食	生癥瘕
鹿肉不可與鮠魚同食	
牛肝不可與鮎魚同食	生風
雞肉不可與魚汁同食 不可與兔肉同食	生癥瘕 令人泄瀉
野雞不可與胡桃、蘑菰同食 不可與蕎麵同食 不可與兔肉同食	生蟲（鄭書謂野雞與鮎魚同食生癩，與蕎麵同食生蟲，又不宜與鯽魚、豬肝、蘑菰、菌子同食）

<table>
<tr><td>雞子不可與生蔥、蒜同食
不可與鼈肉同食
不可與李子同食</td><td>損氣</td></tr>
<tr><td>鴨肉不可與鼈肉同食</td><td></td></tr>
<tr><td>鯉魚不可與犬肉同食</td><td>（鄺書謂鯉魚與紫蘇同食，發癰疽）</td></tr>
<tr><td>鯽魚不可與糖同食
不可與豬肉同食</td><td>（鄺書謂鯽魚與芥菜同食，令人黃腫）</td></tr>
<tr><td>黃魚不可與蕎麵同食</td><td></td></tr>
<tr><td>蝦不可與糖同食
不可與雞肉同食
不可與豬肉同食</td><td>損精</td></tr>
<tr><td>黍米不可與葵菜同食</td><td>發病</td></tr>
</table>

蜜不可與棗、李子、菱角、生葱同食 不可與苦苣同食	（鄺書謂桃、李與蜂蜜同食五臟不和）

上列「食忌」有的說明了不知避忌的後果，有的並沒有說明理由，忽思慧「飲膳正要」卷二食物中毒項內談到食物中毒的原因是：

諸物品類有根性本毒者，有無毒而食物或毒者，有雜合相畏相惡相反成毒者，人不戒愼而食之，致傷腑臟和亂腸胃之氣，或輕或重，各隨其毒而爲害，隨毒而解之。

書中也談到一般解毒法和特別食物解毒法，如：

如飲食後不知記何物毒，心煩滿悶者，急煎苦參汁飲，令吐出，或煎犀角汁飲之，或苦酒、好酒煮飲皆良。

又鄺璠「便民圖纂」卷十謂「凡諸般毒，以香油灌之，令吐即解」，兩書所列特殊食物中毒解法，我根據忽思慧書列表說明，以鄺璠書補充之：

食物名	解毒法	備註
菜物中毒	取雞糞燒灰，水調服之，或甘草汁，或煎葛根汁飲之，或胡粉調服	（鄺書謂諸菜毒、甘草、貝母、胡粉等，分爲末，水服，及小兒溺）
食瓜過多，腹脹	食鹽即消	（鄺書謂中瓜毒，瓜皮湯或鹽湯解之）
食蘑菰、菌子毒	地漿水解之	
食菱角過多，腹脹滿悶	可暖酒和薑飲之即消	
食野山芋毒	土漿解之	
食瓠中毒	煮黍穰汁飲之即解	
食諸雜肉毒及馬肝	燒豬骨灰調服，或芫荽汁飲之，或生韭汁	（鄺書謂中豬肉毒，壁土水一錢服，

漏脯中毒者	亦可	又方，燒白匾豆末可解）
食牛、羊肉中毒	煎甘草汁解之	（鄺書謂中牛肉毒，甘草湯或豬牙燒灰，水調服）
食牛肉中毒	豬脂煉油一兩，每服一匙頭，溫水調下，即解	
食馬肉中毒	嚼杏仁即消，或蘆根汁及好酒皆可	
食犬肉不消或腹脹口乾	杏仁去皮尖，水煮飲之	
食魚膾過多，成蟲瘕	大黃汁、陳皮末同鹽湯服之	
食蟹中毒	飲紫蘇汁、冬瓜汁或生藕汁解之，乾蒜汁、蘆根汁亦可	

食魚中毒	陳皮汁、蘆根及大黃、大豆、朴消汁皆可	
食鴨子中毒	煮秫米汁解之	（鄺書謂煮糯米汁解之）
食雞子中毒	可飲醇酒、醋解之	（鄺書謂飲醋解之）
食豬肉中毒	飲大黃汁或杏仁汁、朴消汁皆可解	
中河豚毒	「飲膳正要」無解法	（鄺書謂青黛水、藍青汁或槐花末三錢新汲水解之）
飲酒大醉不解	大豆汁、葛花、椹子、柑子皮汁皆可	

總之，傳統飲食衛生規戒經過千百年的傳承，自不免走了樣。有的是一部份失傳，一部份保留，例如某種東西不可以吃，但是不可以的理由失傳了，結果變成「知其然，不知其所以然」，後人也就不知道該不該遵行。有的古代飲食禁忌，一望而知純屬迷信，如孕婦不可以吃兔肉、不可以吃螃蟹之類。至於「藥性相反」和「食忌」，古人書裡言之鑿鑿，似乎不容人不信奉遵行，可是仍需經專家詳密的實驗，得到正確的答案，身爲現代人的我們才能夠

接受採信。研究傳統飲食衛生是一項浩大的工程，不是一個人獨力就能完成的，需要各類專家通力合作，才能有理想的成果。我不揣鄙陋，從一堆古籍之中，整理出一個大綱來，希望藉此找到更多的人一起來研究我們自己的傳統飲食衛生，免得國際人士笑我們中國人只懂得口腹的享受，除了「吃」沒有別的，甚至連爲什麼「吃」，該怎麼「吃」才合理都不懂！

北平四大名醫

在我的記憶中，北平人大多數還是信中醫，生了病，找醫生開個方子，抓兩劑藥吃吃就行了；再不然到有名的中藥店同仁堂，西鶴年堂買些成藥吃，「銀翹解毒丸」治感冒，「藿香正氣丸」治中暑，「一捻金」治小兒病，「紫金錠」治無名腫毒，這些本是世代相承的常識，老北平人人都曉得的。

有錢人比較嬌貴，不肯隨便吃些成藥，有個頭痛腦熱，就會打電話給熟醫生，請他到宅裡來看病，有錢有勢的人家當然請的是名醫，那時候北平有四大名醫，這四大名醫是蕭龍友、孔伯華、施今墨和楊叔澄。

中醫都號稱「儒醫」，「醫」和「儒」有什麼關係呢？是由於只有飽讀詩書的人才能了解文字艱深的中醫古籍，才能沈思精微，對症下藥，妙手回春，被尊爲國手。這四大名醫的醫術如何，我一無所知，只記得人們評論施今墨看病參用西法，近似調和派，在當時大家都認他是新派人物和中醫外科名家房星橋、房少橋父子用酒精、紗布、藥棉包紮消毒是一樣的「特別」。

從前人看病都是到醫生家看門診只交掛號費，俗稱「牌子錢」，四大名醫的「牌子錢」大約是法幣一元，次一級的醫生約在六角、八角之間，門診只看一上午，醫生按次序看脈開方不另收費。患者拿著方子，去抓藥就好了，有的醫生會指定要到某一個中藥店去抓藥，這其間當然大有文章，一劑藥多少錢，醫生要抽幾成，那就是機密了。

醫生下午出診到病人家，出診費稱作「馬錢」、「馬錢」少者兩元多者四元，病家還要付醫生車夫的茶水錢，當時醫生都是坐自用人力車，闊醫生還有坐自用馬車的呢。

當時雖沒有「家庭醫生」制度，可是大戶人家都有固定的熟醫生，一家老少生了病，都找他看，醫生到宅裡來，病家當時只付車夫的賞錢，醫生的「出診費」三節結算，除了診費還要送一份豐富的節禮，彼此間來往久了，醫生熟知老主顧家中每個人的健康情況，普通小病診治下藥不易出錯，除非遇到險惡重病，否則不會輕易換醫生的，對於醫生而言，有了固定客戶不但有固定收入，還可以藉老主顧的稱揚宣傳而生意更盛，因此醫生對老主顧家中上上下下都是笑臉相迎，這才是「和氣生財」哩。

那時候一般人還不大習慣找西醫看病，對西醫的打針開刀有先入爲主的恐懼感，因此許多病人在中醫謝絕，不肯再開方下藥時，家人才抱著「死馬且當活馬醫」的觀念，把病人送到醫院去，因此成效不大，更影響到西醫的推展工作，只有少數洋派人家才去看西醫。

若按中醫四大名醫的排名算法來講，抗戰前北平也有四大西醫就是協和醫院的關頌韜，首善醫院的方石珊，小兒科名醫林葆駱和齒科朱硯農。關大夫是腦外科，他的手術費出奇的高，腦部開刀手術費法幣四五千元，當時買一所小四合院房子也不過四五千元，一般人是出不起這麼高醫藥費的。可是摘除腦瘤，取出腦中血塊這類大手術，當時只有協和醫院才有最新的設備，也只有他一人才能做這樣的手術，可見他的名，並非倖致。

方石珊經營的私家醫院首善醫院，規模、設備都很完備，許多信西醫的人都去那裡看病，這所醫院在北平的地位和台北的馬偕醫院相似，可是首善醫院並非教會創立的。

古城裡有幾座外國人開設的醫院，例如協和醫院是美國洛克菲洛捐資創立的，因此北平人稱協和醫院爲「油王府」，人們又因協和醫院動不動就開刀，又給它起了個外號叫「閻王府」，還有日本人開設的同仁醫院，德國人開設的德國醫院都很出名，德國醫院的克禮大夫更是出名，連張恨水的小說裡都出現過他的剪影呢。

「割股療親」的新詮

「孝」是中國人的傳統道德，一部「孝經」分別說明自天子以至於庶人都該奉行孝道，只是因為身分不同、職責不同、行孝的方式也各有不同，比如天子應該以「孝治天下」，而庶民老百姓只要能夠「用天之道，分地之利，謹身節用，以養父母」就夠了。

若問「孝」從那裡開始？書裡講的很清楚：「身體髮膚受之父母，不敢毀傷，孝之始也；立身行道，揚名於後世，孝之終也。」所以孔門弟子之中獨得孝道真傳的曾參一生奉行孝道，直到老年病危臨終時還命令兒子和門下弟子：「打開被子，看看我的手和腳有沒有什麼傷痕？因為我一生小心翼翼，生怕損傷了父母遺體，從今以後我口眼一閉，就可以永遠免於惴惴不安了！」（啓予足，啓予手，而今而後吾知免夫。）曾子的弟子樂正子春腿受了傷，行走不便，他的心情一直悲或不安，他的弟子就問他：「是不是你的腿傷很重，一直痛苦不堪？」他說：「腿痛並不嚴重，只是內心不安，覺得自己不孝，沒有好好注意自己的身體，以致跌成重傷，腿部固然疼痛，可是心裡更傷心更愧疚！」

由這兩個故事就可說明從前人多麼重視父母賜給自己的身體，保愛之還怕做得不夠好，誰敢公然毀傷呢？因此北方有一習俗：一個人要把自己落下的頭髮和牙齒都保留起來，等到他年老壽終時候，再用紅布包好這些保存起來的頭髮和牙齒，放在棺材裡一起和遺體入土埋葬，這叫做「全受全歸」，意思是父母賜給你一個完整的身體，到自己撒手西歸時也完整的把自己歸還給父母在天之靈，才算盡了孝道。

那麼「割股療親」的習俗又是因何而起呢？「孝」既是我國傳統道德，自古以來典籍之中記載了千千萬萬的孝子孝女事蹟，不論是怎樣的捨身事親——就連最不合理情理的王祥臥冰，郭巨埋兒都算在其內，也沒有「割股療親」的事，究竟這荒謬的習俗怎麼形成的呢？

遠則要從吃人肉的習俗說起，近則要從人肉入藥的說法研究。「吃人肉」的習俗可說是源遠流長，從洪荒時期就已經有了，後來漸漸進化，人們不再單純的只是因爲肚子餓就殺人充饑，殺人吃肉也必須有個理由才行，仔細分析「吃人肉」的理由有三：

一、戰爭或荒年人們連草根樹皮都吃光了，最後才會有人吃人的慘劇，「公羊傳」宋及楚人平那段，記著楚兵包圍宋國一連幾個月沒有解圍，城中糧絕，人們竟自「易子而食，析骸而炊」，這是春秋時代的史實；明末陝甘荒旱，沒有收成，最後竟到了人吃人的地步，不好意思公然講「人肉」就改稱爲「米肉」，又管人叫做「兩腳羊」，「小腆紀年」裡記得很詳細，可以參看。

二、殘暴成性的人，或爲了口腹之慾，或爲了逞其殘暴之性就會時常殺人吃肉，比如隋煬帝手下大將麻叔謀就喜歡吃人肉，「開河記」裡就記載他在監督工人替煬帝開挖運河時就搶掠沿路民間的小孩，殺了吃肉；強盜吃人肉、人心肝更是常事，「莊子・盜跖篇」記載孔子前往勸說盜跖改邪歸正時，他正在那兒大嚼人肝湯，孔子想說服他，不但沒有成功，若不是跑得快，也可能被他「烹而食之」了呢。另一個故事就是春秋時代齊桓公的倖臣易牙就因為桓公說「天下的美味我都吃過，就是沒吃過人肉」，易牙就殺了自己的兒子，烹調好了獻給桓公，因此管仲臨終時才一再囑咐桓公切不可信用易牙，一個不顧親子之情的人怎可信任啊？

三、割股療親：父母或祖父母身染重病，醫藥無效，情況危殆，子孫憂慮焦急，才割下自己的肉來煮湯，或放在藥裡，給長輩吃下，就可以霍然而愈，這個習俗是從唐代才開始的，雖是一件愚笨的孝行，卻延續了好多年，直到去年還有一個國中學生割股療親的報導在各大報紙上出現，可見割股療親的說法仍然存在於民間，這的確是個值得研究的課題，因此作者才想詳細研討的。

人肉入藥之說起自何時

通常的說法，人肉入藥始於唐陳藏器的「本草拾遺」，可惜這部書已然佚失，只能根據後人的記述略知陳藏器本人的身世和他的書。

日人多紀元胤「中國醫籍考」卷十「本草類」二有：陳藏器「本草拾遺」，「新唐志」十卷佚，掌禹錫（宋人）曰：「本草拾遺」，唐開元中京兆府三原縣尉陳藏器撰，以「神農本草經」雖有陶蘇補集之說，然遺逸尚多，故爲序例一卷，拾遺六卷，解紛三卷，總曰本草拾遺十卷。」

書中又引李時珍對這書的批評：「李時珍曰藏器四明人，其所著述博極群書，精覈物類，訂繩謬誤，搜羅幽隱，自本草以來，一人而已……」

可見前人對他的「本草拾遺」都很重視，淵博如李時珍對他也十分推崇，足證這部「本草拾遺」的確是一部重要的醫學書了，至於人肉入藥之說初見於「新唐書，孝友傳」（卷一九五）：

「……唐時陳藏器著『本草拾遺』，謂人肉治羸疾，自是民間以父母疾，多刲股肉以進……」據「新唐書」說法，人肉可以治病的說法始於陳藏器，但是明李時珍卻認爲在陳藏器之前就有人子割股割肝爲父母治病的事了：

「時珍曰張果『醫說』言唐開元中四明人陳藏器著『本草拾遺』，載人肉療羸疾，閭里有病此者多割股，按陳氏之先已有割股割肝者矣，而歸咎陳氏，所以罪其筆之於書，而不立言以破惑也……。」——「本草綱目」卷五十二，「人部人肉條」。

不過「太平御覽．人事部」有一件孝子割股的紀錄，時間卻在開元之前：「唐書：先天中有王知道，母患骨蒸，醫云須得生人肉食之，知道遂密割股上肉半斤許，加五味以進母，食之便愈。」——「御覽」三七五，「人事部」一六。

按「先天」爲唐睿宗禪位於玄宗時的年號，時間爲公元七一二年，陳藏器既在開元時任三原縣尉，那他的人肉入藥之說可能在開元之前已然傳播到民間，所以才會有王知道割股的事件的。

自此割股療親之事就被民間接受，逐漸流行開來，社會既公認爲是人子的孝行，於是執政者爲了教育大眾，就對割股療親的人加以表揚，還給他們免除徭役、賦稅的優待，只是日久弊生，後來竟有了爲逃避徭役而去割股的事，因此韓愈才寫了一篇「鄠人對」，批評割股行爲的不當。

割股療親習俗的傳播及影響

自從「割股療親」被社會公認爲是值得表揚的孝行以後，這個習俗就在民間流行開來，民間的記錄不算，就是官修正史的孝友傳裡也記載著許多割股的事蹟，「舊唐書」裡還不曾出現這項紀錄，「新唐書」卷一九五「孝友傳」裡先列出作者對這問題的研討，提出他的意見，然後列出接受旌表的割股療親人的姓名：

唐時陳藏器著「本草拾遺」，謂人肉治羸疾，自是民間以父母疾，多刲股肉而進，…：善乎韓愈之論曰父母疾，烹藥餌，以是爲孝，未聞毀肢體者也，茍不傷義，則聖賢先眾而爲之，是不幸因而死，則毀傷滅絕之罪有歸，安可旌其門以表異之？雖然委巷之陋非有學術禮義之資，能忘其身以及其親，出於誠心，亦足稱者，故列十七八焉。

——「新唐書」卷一九五。

由「新唐書」這段記載。知道首先反對割股的人是韓愈，他有一篇「鄠人對」：

鄠有以孝爲旌門者，乃本其自於鄠人，曰彼自剔股以奉母，疾瘳，大夫以聞其令尹，令尹以聞其上，上俾聚士以旌其門，使勿輸賦以爲後勸，鄠大夫常曰他邑有是人乎？愈曰父母疾則止於烹粉藥石以爲是，未聞毀傷支體以爲養，在教未聞有如此者，苟不傷於義，則聖賢當先眾而爲之也……。——「昌黎集外集」。

他又談到旌表割股者，給與優待，可能發生的流弊：就是地方官把「割股」事件當作自己教化老百姓的成績；老百姓利用「割股」來逃稅逃服役，因此他堅決反對「割股」，甚至於主張要嚴刑處罰，以警效尤。

韓愈雖然大聲疾呼反對「割股」，可是從唐代以來「割股」的事越來越多，最初是兒女爲父母，孫男女爲祖父母「割股」，媳婦爲公婆「割股」，漸漸推廣爲妻子爲丈夫「割股」，後來竟有爲恩人割股的。

「明史」卷三〇一「列女傳」記載揚州胡尙絅妻程氏曾割腕肉，給她病危的丈夫吃，希望能挽救他的性命，可憐他都不能呑咽，終於一命嗚呼。

宋人筆記記載北宋李沆仁恕待人，家裡有個僕人爲了逃債，拐走他的一大筆錢，臨行之前留下他的小女兒，叫她帶著自己的信去見李沆，信上說明自己不得已遠走他鄉的緣由，並且說把自己的女兒送給主人來抵債，隨便主人爲奴爲妾都可以，但是李沆並沒有這樣做，他把這女孩交給自己的夫人，囑咐要好好教導她，等她長大成人，找個正經人家把她嫁出去，幾年之後那個拐逃的僕人躲過風波又回到李沆那裡，知道自己的女兒已然由李沆夫婦教養成人而且有良好的歸宿，他感激涕零，不知道怎樣說才好，後來李沆年老病危，他日夜服侍，還割股煎藥來表報恩的誠心，這故事見於「燕翼貽謀錄」。

政府對「割股療親」的因應措施

自從有了孝子「割股療親」事件以後，唐宋以來執政者對此如何處理呢？都是由地方官申報上級，上級再酌量情形給與旌獎，旌獎的輕重不同，也沒有一定的標準，我們只能由正史裡找出幾個例子：

成象渠州流江人……事父母以孝聞，母病割股肉食之，詔賜束帛醪酒……。——「宋史」卷四五六「孝義傳」。

益州雙流人周善敏喪父廬於墓側，母病又割股肉以啖之，遂愈，大中祥符九年特詔旌表，賜粟帛存慰之。——同書。楊慶鄞人，父病，貧不能召醫，乃割股肉啖之，良已，其後母不能食，慶取右乳焚之以灰和藥進焉，入口遂差，……宣和三年守樓异名其坊曰崇孝，紹興七年守仇悆爲之請，十二年詔表其門復之！——同書。

由這三個例子，說明最早執政當局對割股者最低的獎勵是賜帛賜粟賜酒，再進一步就給他所住的地方改名字以示表揚，最多不過是「表其門，復之」，所謂「復」也就是免除傜役，只有張伯成因割股先後治好祖母和後母的病，地方官報中央，皇帝因爲他原來就是官（他任神泉尉）才加倍升級來獎勵他的孝行的。

到了後代，對於割股的人不但賜與粟帛，免除徭役，皇帝甚至會封他一個小小的官職，眞正得到光宗耀祖，改換門庭的榮耀：例如「金史・孝友傳」裡的三個孝子溫迪罕斡魯補、王震、劉政，「明史・孝義傳」的沈德四，都曾因割股孝行封官，其中只有王震是讀書人，準備作舉業，走仕宦之路的，其餘的三個都是編戶齊民，無怪宋蘇軾在討論選舉制度時說：「若用德行取士，那必然的結果是勇敢的人去割股，怯懦的人去廬墓了。」（見「宋史」卷一五五「選舉志」一）

傳統社會既承認「孝」是最高的德行，因此對於「割股療親」的事除了韓愈一個人公然斥責，其他的人大都採取比較中庸的態度，例如「新唐書」作者歐陽修就是一個代表人物，他說：「……雖然委巷之陋非有學術禮義之資，能忘其身以及其親，出於誠心，亦足稱者……」

身爲地方官的人更是如此，南宋眞德秀做泉州太守時有一篇「泉州勸孝文」，他一方面告訴老百姓，父母有病只要盡心服侍，請醫治療就是盡了人子之道，不必剔肝割股，才算是孝；一方面卻要用實際行動來表揚割股的孝子：

當職昨以三事諭民，首及孝弟，數月以來，累據諸廂申到，如黃章取肝以救母，劉祥取肝以救父，近又有承信部周宗強者，其母安人陳氏得病幾危，宗強割股救療，母遂平復，雖非聖經所尚，然其孝心誠切，實有可嘉。……周承信除依條支賞外，特請赴州，置酒三行，以示賓禮之意，用旗幟、鼓樂、繖扇送歸其家……。──「眞德秀諭俗文」

這段文章不但可以了解他也把割股行動看成出於誠孝之心，繼承了前人中庸的意見，更珍貴的是詳細的記錄下表揚的儀式禮節，這是很難得的史料。

由「割股療親」造成的悲劇

自唐代有了「割股療親」的行爲之後，一直延續了好多年，執政者雖然認爲毀傷肢體來爲父母治病不値得提倡，可是爲了教孝，卻仍然給與旌表，不曾公然禁止，直到明太祖洪武二十九年山東日照縣民江伯兒因母親患病很重，他就割股煎藥，給母親服用，仍然不見好，他焦急向泰山之神祈求，如果神保祐母親痊癒，他願殺掉自己三歲的兒子獻給神作爲祭禮，誰知母親的病居然好了，他眞的親手殺掉自己兒子去還願，後來山東的地方官把這件事報到中央，明太祖大爲震怒，認爲這是不可饒恕的罪行，父子天性倫常至重，古禮長子死了，父親還要爲他服喪三年，就是爲了宗嗣綿延的大事，如今小民無知，滅倫害理，應該嚴加處罰，就把江伯兒打了一百板，發配海南島，處分了這件因愚孝而殺子的案子，皇帝認爲旌表「割股療親」的辦法可能引起許多不良後果，於是就命令禮部諸臣討論修改旌表辦法，禮部諸臣研討結果，報告皇帝說：「父母病了，兒女請醫祈神爲父母治療都是應該的，至於割股臥冰的事三代並沒有人做，若是父母只有一個兒子就因爲割股臥冰而喪生，那豈不斬斷宗嗣，反而成了大不孝，這個愚孝行爲所以流行，固然是由於小民愚昧無知，希望得到旌表，藉此可以免除徭役賦稅，若是長此下去，不但不能教孝，反而會助長劣風，最妥當的辦法就是從此不再旌表割股臥冰的愚孝」，回報上去，皇帝制曰「可」，從此政府不再旌獎這類孝行，得到旌表的大約都是盧墓的人（見「明史」卷二九六「孝義傳」一）。

結論

人肉入藥本是一個單純的醫藥問題，所以演變成「割股療親」事件，我認爲是由於「人肉」的來源問題，如果「人肉」能像今天購買血漿一樣可以拿錢去買，那就不會發生割股孝親的事，問題就出在任何人都不會平白無故，只是爲了錢，就去賣自己的肉，賣給別人去做藥，這是問題之一。

另外要討論的是「人肉」究竟能不能治病的問題，藥物學不論中西我一點兒都不懂，我根本沒資格講話，不過根據常識，我也可以講出我的看法，若論「人肉」的成分大約和牛羊雞豬肉也差不了多少，中醫書既認爲牛羊肉可以入藥，人肉入藥，在理論上沒有什麼不合邏輯，不過我對人肉入藥和割股療親這兩個問題有個粗淺的看法：

人肉入藥和割股療親這兩件事根本不是醫藥問題，實在和原始社會遺留下來的習俗和迷信有關，因爲原始人捉來敵人，殺來吃肉喝血，不但是解決了肚子餓的生理問題，同時在心理上也覺得藉此可以增加力氣和膽量，李時珍「本草綱目・人部・人膽條」就講强盜武夫殺人取膽汁和酒呑服，相信可以使自己增强膽量和勇力就是最好的例證，其它如「紫河車」（胎兒胞衣）、童子小便、天靈蓋等都可以作藥，說穿了，這些東西治療疾病大約不會有什麼實際效果，只能給病人心理上增加一些助益而已。

人子割股療親固然是由於沒有人出賣人肉，一方面也由於父子骨血相連，子女用自己的肉給父母作藥，在他們心中的想法可能是認爲藉這一片肉可以把自己的「精氣神」分給父母，就可以使父母起死回生了。就因爲這個想法才做出違反孝道、毀傷自己的愚行，更沒有想到少數人的愚孝乃會影響到社會，政府竟然給他們旌表，今天看來這眞是不可思議，不過從另一角度看來，這是研究中國醫藥的人值得注意的問題—清除中國醫藥裡混雜的巫術和迷信，才能看淸它的眞面目，對它下個新的正確評價。

保健與防疫

孔子說過：「生死有命，富貴在天」，儒家思想認爲人的壽夭是命中註定的，沒辦法益壽延年，人活在世上，只有好好作人，盡其天命，壽數到了，自然就要死，只要死得正常，死得安穩就好了，不必夢想長生不老，這就是孟子所說的：「盡其道而死者，正命也。」什麼是「盡其道」？就是「盡人之道」，既然生而爲人，就該秉持正道，好好作人，「好好作人」首先要敦品崇德，不違法不犯罪，至於個人健康問題并不是什麼嚴重的大事，不需要把自己的整個精神用在這些小事情上的；但這并不表示儒家忽視個人健康，因爲「孝經」上說：「身體髮膚受之父母，不敢毀傷，孝之始也。」所以儒家首先要人保愛自己的身體，不要作踐自己糟塌自己就是善體親心的孝子了。

儒道兩家的保健衛生主張

我們就以孔子爲例，看看儒家注意衛生，注意保健的事實。你讀過「論語・鄉黨篇」，就可以看出孔子日常生活的情形了，「鄉黨篇」詳細紀述孔子的起居飲食和他注意的許多事項，他注意的事項之中有些是由於衛生，比如「魚餒而肉敗不食」，「沽酒市脯不食」，有些是由於禮儀，比如「唯酒無量，不及亂」，「祭於公不宿肉」，這是由於飲酒過量會失儀，祭神領回的「祭肉」如果不立即烹燒吃掉，那就是對神不敬，因此儒家要求一個人生活起居都要守禮，都要有節制，既事事有節制就不會恣縱，也就不會傷身，雖沒有特別提出保健衛生的口號，卻也和保健衛生的主張，不謀而合。

特別重視保健衛生的是老子和莊子，翻翻這兩位哲人的書，就可以找到許多道家特別注意保健衛生的主張：

首先提出「長生久視」這個口號的是老子（「老子」第五十九章「是謂深根固柢，長生久視之道」），首先提出「衛生」這個名詞的是莊子（「莊子．庚桑楚篇」：南榮趎曰：趎願聞衛生之經而已。」）

循此路線發展，由先秦到兩漢魏晉這麼長的一段時間裡，陰陽家、神仙家、方士以及漸漸興起的道教，無不講求養生之術、長生久視之方。他們有的是為個人達到長生不老的願望，有的是用長生不老之術干謁君王，藉此取得榮祿，他們的目的雖不一樣，卻促進了中國人對保健衛生方法的研究，因此養生攝生之學分向三方面發展：

一、服食：吐納服氣服五石散、寒食散等以求長生。

二、導引：即各種健身術。

三、採補：即房中術。

後來這三種修煉之術發展極爲迅速又普遍，不但信奉道教出家的道士要依法修煉，就是在家的俗人也部分的接受了這些方術，來保健強身，卻病延年，所以要研究中國傳統的保健醫學，就要從道家典籍裡去找材料。

至於防疫這工作卻和保健不同，因爲古人對瘟疫的流行，原因還不知道是由於傳染，都認爲是疫鬼瘟神作祟，到人間散布災疫，爲了防疫，只有送走疫鬼或佩戴符咒法物才可以不受災害，於是防疫驅疫就成爲年例舉行的祭典之一，古人稱之爲「儺」，有時候，防疫也要用藥物，但是藥物本身的性質大都不是治病的藥物，乃是驅疫鬼的法物（比如赤小豆）。

所以我這篇論文，前半是談保健，後半是談防疫。

老莊反對追求物質享受與刺激

老子、莊子都曾講過許多養生的話，大都是消極的提出許多傷害人的事項，希望人能夠自動的約束自己，減少這些傷害自身的行爲而已，并沒有提出什麼積極性的辦法來。例如：

「老子」說：「五色令人目盲，五音令人耳聾，五味令人口爽，馳騁畋獵，令人心發狂，難得之貨令人行妨，是以聖人爲腹不爲目，故去彼取此。」

「莊子」說：「吾生也有涯，而知也無涯，以有涯隨無涯殆矣。」

老子認爲追求物質享受，追求刺激，追求貨利，都是對人有害的，莊子更進一步認爲追求知識也是對人不利的。

其後不斷有人提出養生的主張，但都是發揮老莊的說法，幷沒有更進步更完善的辦法，直到晉人張湛「養生集敘」才提出十件注意事項，他認爲人只要遵循這些戒條去做，就可以健康長壽。他所提出的十事：

一、嗇神：寶愛精神，少思少慮。
二、愛氣：吐故納新，閉口不言。
三、養形：體欲多動，不可過勞。
四、導引：導引按摩，消除百病。
五、言語：少言少語，養氣寡過。
六、飲食：戒酒食淡，莫貪肥甘。
七、房室：戒愼房室，施瀉以時。
八、反俗：眾所追逐，我獨反之。
九、醫藥：服食補養，去病延年。
十、禁忌：畏天之威，敬遵禁忌。

他所提出的十事，今天看起來有些件現在仍可以實行，仍然有價值，有些則失之玄妙，純屬道士修煉之術，如咽漱唾液，存想五臟元神之類，只能存此一說，使後代人藉此了解古人有此想法，有此做法而已，若想仿效，恐怕會有不良後果的。

「雲笈七籤」上的保健之道

張湛以後，眾說紛紜，而且是大同小異，若一一介紹就繁雜，沒有頭緒了，因此我只根據「雲笈七籤」裡所有的資料擇要加以介紹：

甲、精神方面的：

「小有經」曰：少思、少念、少欲、少事、少語、少笑、少愁、少樂、少喜、少怒、少好、少惡，行此十二少，乃養生之都契也。多思則神怠，多念則忘散，多欲則損智，多事則形疲，多語則氣爭，多笑則傷藏，多愁則心懾，多樂則意溢，多喜則忘錯昏亂，多怒則百脈不定，多好則專迷不治，多惡則燋煎不歡，此十二多不除，喪生之本也。」——「雲笈七籤」卷三十二「雜修攝」

胡昭曰：「目不欲視不正之色，耳不欲聽醜穢之言，鼻不欲向羶腥之氣，口不欲嘗毒辣之味，心不欲謀欺詐之事，此辱神損壽；又居常而歎息，長夜而吟嘯不止，來邪也。夫常人不得無欲，又復不得無事，但當和心少念靜慮，先去亂神犯性之事，此則嗇神之一術也。」——同上（按胡昭三國魏人，隱居不仕）

總之這些話都是教人保持心情平靜，凡事不要激動，不要有太大野心，減少嗜好，對人是有益處的。

乙、生活起居方面的：

養性之道莫久行、久坐、久臥、久聽，莫強飲食，莫大醉，莫大愁憂，莫大哀思，此所謂能中和，能中和者必久壽也。久視傷血，久臥傷氣，久立傷骨，久行傷筋，久坐傷肉……多睡令人目盲，多唾令人心煩，貪美食令人洩痢……。——「雲笈七籤」卷三十二、四六七頁

……能從朝至暮常有所爲，使之不息乃快，但覺極當息，息復爲之，此與導引不異也，夫流水不腐，户樞不朽者以其勞動數故也。飽食不用坐與臥，欲得行步務作以散之，不爾使人得積聚不消之疾及手足痺蹷，面目黧皺，必損年壽也。——同前四六六頁

以上所列都是養生的大原則，今天看起來仍然是合於衛生之道的，另外還有一些細節是關於睡眠、沐浴穿衣脫衣的，雖是瑣碎，卻也可以看出古人對日常生活的注意：

冬日溫足凍腦，春秋腦足俱凍，此乃聖人之常法也……凡人臥勿開口，久成病渴，并失血色……凡人臥不用隱膊下，令人六神不安，凡臥春夏欲得頭向東，秋冬頭向西，有所利益……凡人睡欲得屈膝側臥，益人氣力，凡臥欲得數轉側，語笑欲令至少，莫令聲音高大，春欲得暝臥早起，夏秋欲得侵夜臥早起，冬欲得早臥晏起，皆有所益。——「雲笈七籤」卷卅二，四六九頁

以上所談是關於睡眠的。

新沐浴訖不得露頭當風，……凡熱泔洗頭冷水濯成頭風……新沐浴訖，勿當風結髻，勿以濕髻臥，使人患頭風眩悶，髮禿面腫，齒痛耳聾。

以上是關於沐浴的。

凡大汗勿脫衣，不愼多患偏風，半身不遂……凡食熱物汗出，勿盪風，發痓頭痛；濕衣及汗衣皆不可著，久令發瘡及患風……。——同上四六八頁

丙、性生活方面的

若欲延年少病者誡勿施精，施精命夭殘……。

陰陽不交傷人，凡交須依導引諸術，若能避衆傷人事，而復曉陰陽之術，則是不死之道……。——同上四六七頁

新沐浴及醉飽遠行，歸還大疲倦，並不可行房屋之事，生病切愼之。——同上　四六八頁

丁、禁忌

甲、乙、丙三項所列養生諸術雖是古人留下的，但不是荒誕迷信的，另外有許多日常生活要注意的事項卻是傳統的迷信和禁忌，現代人看起來幷沒有什麼道理，不過可以藉此了解古人的思想和觀念，而且有許多禁忌到現在仍然存在，仍然有人奉行，對於研究民俗的人實在是値得注意的事。

老君曰：凡人求道，勿犯五逆六不祥，有犯者凶，大小便向西一逆，向北二逆，向日三逆，向月四逆，仰視天及星辰五逆；夜起裸形一不祥，旦起嗔恚二不祥，向灶罵詈三不祥，以足向火四不祥，夫妻晝合五不祥，怨恚師父六不祥；凡人旦起常言善事，天與之福，凡言奈何歌嘯，名曰請禍，愼勿上牀臥歌凶，始臥伏臥床凶，飲食伏床凶

，以匙箸擊盤上凶。——「雲笈七籤」卷卅二，四六九頁

凡人不得北首而臥，臥之勿留燈，令魂魄六神不安，多愁恐，亦不可北向喫食，北向尿，北向久坐，思惟不祥，起勿北向唾罵，犯魁罔神，勿北向冠帶，勿怒目視日月光，令人失明……。

旦起勿嗔恚，旦下牀勿叱呼，勿惡言，勿舉足向火，對灶罵，勿咨嗟呼奈何聲，此名請禍，特忌之，勿豎膝坐而交臂膝上，勿令髮覆面皆不祥，清旦作善事，聞惡事，即於所來方唾之吉，惡夢旦不用說，以含水向東方噀之，云：惡夢著草木，好夢成寶玉即無咎矣。

凡上牀先脫左足履，或遠行乘車馬，不用迴顧，顧則神去，人凡一切翻飛蠢動不可故殺傷損，至於龜蛇此二物有靈，異於他族，或殺他有靈者，或陰精害人，深宜愼之，勿陰霧中遠行。

凡行來坐臥，常存北斗魁同星在人頭上，所向皆吉，勿食父母兄弟及自本命肉等，令人魂魄飛揚，家出不孝悌子息。——「雲笈七籤」卷三十五，五〇六頁

凡旦起著衣誤翻著者云吉利，便著無害也，衣有光當三振之，云殃去殃去，則無害，勿塞井及水溝渠，令人目盲，向午後陰氣起，不可沐髮，令人心虛，饒汗，多夢及頭風也。——「雲笈七籤」三十五，五〇六頁

其後養生家又用「禮記・月令篇」形式寫出每月應該注意事項，也有人按四季分列出日

常生活上的宜忌，今以姚稱「攝生月令」一書內容製表（分列宜忌諸事，除五行之說）以作參考。

月份	宜事	避忌
正月	夜臥早起，以緩其形，使志生，生而勿殺，予而勿奪。君子固密，勿泄眞氣。	
二月	和其志，平其心……安靜神氣，以法生成，宜淨膈去痰，宜泄皮膚，令得微汗，以散去冬溫伏之氣	勿極寒，勿極熱，勿食黃花菜及陳葅，發宿疾，動痼氣，勿食大蒜，令人氣壅，勿食蓼子及雞子，帶人氣，勿食小蒜，傷人志性，勿食兔肉，令人神魂不安，勿食狐貉肉。
三月	臥起俱早，……是月肝臟氣伏，宜益汗補腎，以順其時，宜齋戒靜念……二十七日宜沐	勿發泄大汗，以養臟氣，勿食韭，發痼疾，勿食馬肉，令人神魂不安勿食麞鹿肉，損氣損志。是月五日忌見生血物，勿犯西北風，勿久處濕地，勿大汗當風，勿露體。
四	夜臥早起	思無怒，勿泄大汗。

月	五月	六月	七月	八月	
	宜補腎助肺，調理胃氣，宜安心靜慮沐浴齋戒	增鹹減甘，以資腎臟，是月腎臟氣微，脾臟獨王，宜減肥濃之物，宜助腎氣益固筋骨	早起早臥，與雞俱興，使志安寧，以緩形收斂神氣	大利平肅，安寧志性，收斂神氣，宜增酸減辛，以養肝氣，是月宜助肝氣，補筋養脾胃	是月肝臟氣微，肺金用事，宜減辛增酸，以益
	勿以極熱，勿大汗當風，勿曝露星宿，皆成惡疾，勿食雞肉，生癰疽漏瘡，勿食蛇鱔等肉，令人折壽算，神氣不安，是月切忌西北不時之風，犯之令人四肢不通。	勿食羊血，損人神魂，勿食生葵，必成水癖，切慎賊邪之氣……。是月不宜起土功，威令不行，宜避溫氣，勿以沐浴後當風，勿專用冷水浸手足慎東來邪風。		無令極飽，令人壅，勿食生蜜，多作霍亂，勿食雞肉，損人神氣，勿食生果子，令人多瘡。起居以時，勿犯賊邪之風，勿增肥腥物。	無犯朗風，節約生冷，以防癘疾，勿食諸薑，

九月	肝氣肪筋補血	食之成痼疾，勿食山蒜，傷神損壽，勿食蕩子，損人志氣，勿以豬肝和飴同食，至冬成嗽疾。
十月	早臥晚起，必候天曉，使至溫暢	無泄大汗，勿犯冰凍，溫養神氣，勿令邪氣外至。
十一月	宜減鹹增苦，以助其神氣。是月腎臟正王，心肺衰，宜助肺安神，補脾胃，無乖其時。	寒氣方盛，勿傷冰凍，勿以火炙腹背，無食焙肉，無發蟄藏，順天之道，勿食蛸肉，傷人神魂，勿食螺蚌蟹等，損人志氣，長尸蟲。勿食經夏黍米中脯腊，食之成水癖疾，勿暴溫暖，切慎東南賊邪之風。
十二月	去凍就溫。是月時臟氣微，腎臟方王，可減鹹增苦以養其神，宜小宣，不欲全補。	勿泄大汗，勿甚溫暖，勿犯大雪，勿食豬肉，傷人神氣，勿食霜死之果菜，夭人顏色，勿食生薤，增痰飲疾，勿食生椒傷人血脈慎邪風，勿妄針刺。

許愼「說文解字」給「疫」字作了個解釋，是：「疫，民皆病也」，他看出疫是一種多數人的病，但是古人並不了解傳染病流行的所以然，有人認爲是天災，有人認爲是疫鬼作祟，王充「論衡．解除篇」就講到「疫鬼」的事：

解逐之法緣古逐疫之禮也，昔顓頊氏有子三人，生而皆亡，一居江水爲瘧鬼，一居若水爲魍魎，一居歐隅之間，主疫病人，故歲終事畢，驅除疫鬼，因以送陳迎新內吉也。

古代逐疫之禮見於「周禮．大司馬．方相氏」：

方相氏掌蒙熊皮，黃金四目，玄衣朱裳執戈揚盾，帥百隸而時難，以索室驅疫。

「禮記．月令篇」也有「季冬之月大難旁磔，出土牛以送寒氣」的記載。「難」就是「儺」，「論語」：「鄉人儺，朝服而立於阼階。」這是講孔子在鄉人大儺時侯也參加，可見「儺」是普遍性的，從宮廷到鄉里年例都要舉行，因此孔子才參加的。「儺」是驅逐疫鬼的，所以驅鬼的方相氏和被驅的疫鬼都是由人化妝扮演的，驅逐儀式進行時一定很熱鬧，漢人文章裡就有很詳細的描繪：

張衡「東京賦」：「卒歲大儺，敺逐群厲，方相秉鉞，巫覡操茢，侲子萬童，丹首玄裳，桃弧棘矢，所發無臬，飛礫雨散，剛癉畢斃，惶火馳而星流，逐赤疫於四裔，然後凌天地，絕飛梁，囚耕父於清泠，溺女魃於神潢。——「太平御覽」卷五三〇（耕父旱鬼也）（女魃不詳）

直到宋代，每年年終宮中照例有「大儺」，孟元老「東京夢華錄」卷十「除夕」記宮中「大儺」除了方相，還有判官、鍾馗、土地、灶神之類：

至除日，禁中呈大儺儀，並用皇城親事官，諸班直戴假面，繡畫色衣，執金鎗龍旗，教坊使孟景初身品魁偉，貫全副金鍍銅甲裝將軍，用鎮殿將軍二人，亦介冑，裝門神，教坊南河炭醜惡魁肥，裝判官，又裝鍾馗、小妹、土地、灶神之類，共千餘人，自禁中驅祟出南薰門外轉龍彎，謂之「埋祟」而罷，是夜禁中爆竹山呼，聲聞於外……。

現代官方雖然不再舉行「大儺」，可是民間許多宗教活動仍然具有驅疫的性質，例如台灣各寺廟舉行的「神明繞境」，「神明繞境」的目的在保佑境內平安清吉，邪祟遠離，「邪祟」當然是包括「疫鬼」在內的。至於「送王船」那正是名符其實的「驅疫」，只是人們對「疫鬼」心存畏怯，不敢公然表示驅逐之意，於是「恭送如儀」把「瘟神」「疫鬼」送走，希望祂們走得遠遠的，永遠不要回來。

一年四季裡的防疫措施

逐疫送瘟的儀式做完了，人們的心裡仍然不放心，仍然缺乏安全感，總想得到更進一步的保障，於是各式各樣的「桃符」「葦索」，法物被人拿來挂在門上，帶在身上；也有人想出把「法物」吞下去，以策安全的妙法，所以許多古籍裡都記載著古人種種防疫的措施，這些防疫措施歸納起來可以分為三類：一、家戶性的，二、給特定的個人，三、給動物的。

同時古人「防疫」措施是從積極消極兩方面來著手，他們每年有幾天是定例的逐疫日，例如元月元日，三月三日，五月五日，九月九日等等。積極的防疫方式是某月某日該吃些什麼，該喝些什麼，該作些什麼，消極的方式是某月某日不該吃什麼，不該喝什麼，不該做什麼，否則就會有什麼樣不良後果之類。記載這些事情的古書，有的是記歲時的風土書，有的是講養生的醫書，多得不勝枚舉，只有刪繁去複，歸納列舉如左：

正月：

元日五更以紅棗祭五瘟畢，合家食之吉。——元人翟祐「四時宜忌」

元日服桃仁湯，為五行之精，可以伏百邪。——「荊楚歲時記」

正月上寅日取女青草末三合，縫囊盛挂帳中，能辟瘟疫。——「肘後方」

元日用麻子七粒，赤豆七粒，撒井中，辟瘟疫。——「五行書」。

元日燒蒼朮。——「歲時雜記」

元日俗於門上畫虎頭，息瘟癘。——「雜俎」

元日四更時取葫蘆藤煎湯浴小兒，終身不出痘瘡，其藤須在八九月收藏。——「四時宜忌」

是月勿食鼠殘傷物，令人生瘻。——「本草」

是月節五辛，以避厲熱，五辛蒜、葱、韭、薤、薑是也。——「心鏡」

二月：

驚蟄日以石灰糝門牆壁下，則除諸般蟲蟻。——「月令廣義」

是月令幼小兒女早起，避社神，免致小兒面黃，社日令男女輟業一日，否則令人不聰。——「呂公月令忌」

二月二日取枸杞煎湯，晚沐令人光澤，不病不老。——「千金月令」

社日飲酒一杯，能治聾疾。——「「雲笈七籤」

春分後宜服神用散，其方用蒼朮桔梗各二兩，附子一兩，烏頭二兩，炮細辛一兩，搗篩爲散，紅絹囊盛之，一人背帶，一家無病。——「千金月令」

是月勿食黃花菜，交陳菹發痼疾，動宿熱，勿食大蒜，傷人志，勿食兔肉狐貉肉，令人神魂不安。——「雲笈七籤」

是月行途勿飲陰地流泉，令人發瘧瘴，又令腳軟，是月勿食生冷。——「養生論」

三月：

是月二日收桃葉晒乾搗末，井花水服一錢，治心病效。——「四時纂要」

三月三日探桃花浸酒飲之，除百病，美顏色，又清明前一日採大蓼晒乾，能治熱痢，末水調服一錢效。——「法天生意」

初三日取枸杞根煎湯沐浴，令人光澤不老。——「萬花谷」

勿食雞子，終日昏；勿食大蒜，亦不可常食，奪熱力損心力。——「法天生意」

本草曰：勿食生葵，勿食羊脯，三月以後有蟲如馬尾毒能殺人。

三月八日勿食芹菜，恐病蛟龍瘕，面青黃，肚腹大如妊，服糖水吐出愈。——「雲笈七籤」

四月：

是月每清晨吃葱頭酒一二杯，令血氣通暢，疏壅導滯。——「四時宜忌」

辟蚊方：用鰻魚晒乾，于室中燒之，可少解其横。——「四時宜忌」

是月食蓴菜、鯽魚作羹，則開胃。——「內景經」

是月望後宜食桑椹酒，治風熱之疾。——「雲笈七籤」

四月十五日取浮萍一兩，麻黃去根，桂心附子炮去臍皮各五錢，搗爲末，每用一兩藥末入生姜二片，葱頭兩個，煎至八分，熱服，蓋暖取汗，治時代熱病。——「千金月令」

是月勿食雉，令人氣逆，又勿食鱓，害人。——「白雲雜忌」

是月忌暴怒傷心，秋必爲瘧；自夏至九月忌食隔宿肉菜之物，忌用宿水洗面漱口。——「雲笈七籤」

五月：

五日以艾縛一人形懸於門户上，以辟邪氣；以五綵絲繫於臂上辟兵厭鬼，且能令人不染瘟疫。——「荆楚歲時記」

是月取浮萍陰乾，和雄黄些少燒煙去蚊，火燒棗子安牀下，辟狗蚤。——「千金月令」

「疫氣時行，用貫仲置水缸内，食水不染。十二月除夕同此。——「簡易方」

是日（五月五日）取葛根爲末，療金瘡斷血，除瘧；取豬牙燒灰，治小兒驚癇，并塗蛇傷。——「長生要錄」

夏至淘井，可去瘟疫；五日取蝦蟆晒乾，瘧發早，男左女右臂上挂帶，勿令知之，立愈。——「家塾事親」

夏至浚井能改水，朱索縛柳、杞、桃結印爲門户飾，可止惡氣；五月五日取冢上泥幷磚石一塊回家，以小瓶盛埋門外階下，合家不患時症。——「四時宜忌」

五日硃書赤靈符著心前，辟兵袪瘟，去百病，此治百病符也。——「抱朴子」

五月不可多食茄子，損人動氣。——「濟世方」

五月取桃仁一百個，去皮尖，研細，入黄丹三錢，丸如桐子大，治瘧，發日面北，用溫酒或井花水呑下，即絕。——「博濟方」

此月勿食濃肥，勿食煮餅，可食溫煖之物。——「月令圖經」

六月：

是月宜飲烏梅醬、木瓜醬、梅醬、豆蔻湯以袪暑。——「四時宜忌」

六月伏日宜作湯餅食之，名爲辟惡。——「荆楚歲時記」

勿食韭，令人目昏；勿食羊肉，傷人神氣；勿食野鴨鶩，動氣有毒，勿食肝，更勿食食脾。——「千金方」

六月勿食羊血，傷人神魂，少志健忘，勿食生葵，必成水瘕。——「雲笈七籤」

暑月不可露臥，勿沐浴當風，慎賊邪之氣侵人。——瑣碎錄

勿專用冷水浸手足，防引起狂邪之風，犯之令人瘋病體重。——「養生仁術」

七月：

立秋日用新汲水吞赤小豆十四粒，一秋可免赤白痢疾。——「四時宜忌」

七月七日採慎火花苗葉五兩，鹽三兩同搗，絞汁治熱毒。——「本草」

七月勿食蓴菜，上有蠲蟲殺人；勿食韭菜，損人目。——「白雲忌」

勿食雁傷人，勿食菱肉動氣，勿食多生蜜，令人暴下霍亂。——「孫眞人」（思邈）

立秋後十日瓜宜少食。——「法天生意」

八月：

是月初三日至初七日俱宜沐浴，令人聰明不老，又云二十五日宜浴卻病。——「四時纂要」

勿食萌芽，傷人神膽，喘悖脅助氣急，勿多食新薑，勿食生蒜；又曰食豬肺及飴，和食令人生疽，勿食雉肉，勿食豬肚，冬成嗽疾。——「千金方」

自霜降後方可食蟹，蓋中膏內有腦骨當去，勿食，有毒。——「千金方」

是月初十日以硃砂點小兒額上，謂之天灸，以厭疾也。——「荊楚歲時記」

社日人家襁褓兒女俱令早起，恐社翁爲祟，與春社同。——「雲笈七籤」

八月初一日作五明囊，盛取百草頭露以洗眼，眼明。——「齊諧記」

九月：

是月九日採茱萸插頭鬢，辟惡氣而禦初寒是月二十日其日雞鳴時沐浴令人辟兵。——「風土記」

初九日佩茱萸、餌糕、飲菊花酒，令人壽長無忌。——「西京雜記」

季秋節約生冷，以防痢疾；勿食新薑，食之成痼疾。——「雲笈七籤」

勿食霜下瓜，冬發翻胃；勿食葵菜，能令不消化。——「月忌」

十月：

是月一日食餅，令人無病。——「五行書」

冬至日陽氣歸內腹，宜溫暖物，入胃易化。——「雲笈七籤」

槐子乃虛星之精，是月上巳日採而呑之，每服二十一粒，去百病，長生通神。——「太清草木方」

十月忌食豬肉，發宿氣。——「白公方忌」

十一月：

共工氏子不才，以冬至日死，爲疫鬼，畏赤小豆，是月以赤小豆煮粥厭之。——「四時纂要」

是月可服補藥，不可餌大熱之藥，宜早食，宜進宿熟之肉。——「千金月令」

冬至日鑽燧取火，可免瘟疫。——「簡易方」

至日以赤小豆煮粥，合門食之，可免疫。——「歲時雜記」

是月勿食龜鼈肉，令人水病；勿食生菜，發宿疾；勿食生韭，多涕唾；十一日不可沐浴，勿以火炙背。——「四時纂要」

勿暴溫暖，勿犯東南賊邪之氣，令人多汗，腰脊強痛，四肢不通。——「雲笈七籤」

十二月：

臘月子日晒薦蓆，能去蚤蝨；又是月以豬脂四兩，懸於廁中，入夏一家無蠅。——「瑣碎錄」

除日以合家頭髮燒灰，同腳底泥包，投井中，卻五瘟疫鬼。——「元樞」

除夜枸杞湯洗浴，令人不病。——「雲笈七籤」

除日掘宅四角，各埋一大石爲鎭宅，主災異不起。——「四時宜忌」

除夜宜燒辟瘟丹，幷家中所餘雜藥焚之，可辟瘟疫，可焚蒼朮。——「四時宜忌」

除夜有行瘟使者降於人間，以黃紙硃書「天行已過」四字貼大門上吉。——「法天生意」

是月取皀角燒爲末，留起，遇時疫，早起以井花水調一錢服之，效。——「法天生意」

是月勿食豬脾，旺在四季故耳。——「千金方」

由一年之中每月都有宜、忌事項，可見古人的確很注意日常衛生保健，其中談得最多的就是「時疫」、「瘟疫」，由此說明他們很怕時疫，瘟疫之類的傳染病。

不過他們防疫方法有的純出於迷信，有的方法雖然是傳統的舊法子卻與現代人的衛生觀念不謀而合，有的辟瘟藥卻不是藥品而是法物，舉例說明之：

一、純出於迷信的：如元日五更以紅棗祭五瘟畢，合家食之；又如元日用麻子七粒，赤豆七粒撒井中，辟瘟疫；五月五日取冢上泥幷磚石一塊回家，以小瓶盛埋門外階下合家不患時證等等。

二、舊方法合於現代衛生觀念：如疫氣流行，以貫仲置水缸內，食水不染；立冬後瓜宜少食；季秋節約生冷，以防痢疾——這兩個例子是說明古人已知道飲水可以傳染，吃生冷易得痢疾。

三、辟瘟藥實在是法物：例如九月九日佩茱萸，元旦所飲屠蘇酒之類，久而久之，這些定時準備的各式各樣的法物，不論是吃的，喝的，帶在身上的，挂在門上的都變成應節的物品，用來點綴生活，使平淡的生活變得多彩多姿，可是現代人們卻都不明白它們的起源了。

瘧疾與瘧鬼

漢許愼「說文解字」已然把「瘧疾」作了概括的描述和分類，但是沒有講淸它發生和感染的原因：

瘧：熱寒休作，从疒，从虐。

痁：有熱瘧，段注：「有熱無寒之瘧也」。

痎：二日一發瘧。

古老的醫書當然有許多關於瘧疾的理論和治療方法，因爲它一直困擾著中國人，「左傳」裡就記載著晉侯害瘧疾的事，距離現代已然將近三千年了。

傳統醫學裡包含了迷信與巫術

「千金方」，「外臺秘要」裡有許多醫治瘧疾的處方，但也夾雜著許多禳除瘧鬼的法術，因爲多年以來，人們都認爲瘧疾是瘧鬼作祟所致，尤其有趣的是民間相傳瘧鬼專門捉弄小人物，所謂小人物包括地位卑微的、時衰運退的、品行惡劣的三種人，凡是正人君子，或達官貴人或正走旺運的人都不會生瘧疾；這當然是不可信的謬說，可是古書裡卻記載著許多瘧鬼的傳說故事。

漢王充「論衡」卷二十五「解除篇」講到瘧鬼和疫鬼的故事：

昔顓頊氏有子三人，生而皆亡，一居江水爲瘧鬼，一居若水爲魍魎，一居歐隅之間主疫病，人故歲終事畢，驅除疫鬼，因送陳迎新內吉也」……。

疫鬼之說在民間流傳已久，疫鬼作祟可以使人發寒發熱的觀念早已深入人心，染上傳染疾的人不知趕快求醫診治，反而相信巫者的誑言，去禳祭除災，或逃到神廟裡去躲避瘧鬼，因此形成許多迷信和習俗。

古代醫家既接受了多年傳承的迷信，那時代也不知道用實證的方法研究病理，因此就是明智之士也無法積極推翻那些迷信以及瘧鬼的說法，比如「外臺秘要」卷五最後列許仁則療瘧方四首，藥方之前先列出他對瘧疾的看法，關於病因他也接受了前人的說法，認爲有的是因「宿疾痃癖，飲食失宜，因節氣初交而生此病」，有的是因「痰避積聚，久不通散，冷熱相攻」，有的是因「地居卑濕，時屬暑熱，內有宿疾，外感惡氣」，有的是因「盛夏蒸熱飲冷，冷熱間隔，秋夏氣交」，由於這四種原因，才會生瘧疾，他認爲治療之方以「吐下爲本」，也就是用藥使病人嘔吐，嘔吐之後仍不能除根，那就要服瀉藥，使病人大瀉。他的處方如何，我是外行，不敢妄加評論，不過後面有一段他批評人們對瘧疾用祈禳方法治療的錯誤，的確值得稱揚，令人刮目相看：

……此病別有祈禱厭禳而差者，自是人心妄識，畏愛生病，亦猶弓影成蠱耳，必有不誣此法，專意信之，亦任其從禳禱之道，雖然必須資藥以救之，比見用藥攻療，無不差者，以法禳之，則有不效者，以此言之，明知病在於內，徒勞於外耳……。——「外臺秘要」卷五，一六八頁

我之所以要收集瘧鬼傳說以及禳瘧方術，是因爲多年以來我就有個構想，要把傳統醫學裡面保留下來的迷信找出來，使我國古老的巫醫與眞正的醫學分開，這樣幾千年來中國醫學才能讓人看清她的眞面目，同時這些巫醫之術也正是研究傳統迷信的好資料，魚目不可混珠，若說我們的先賢幾千年來在醫學上卓越的成就是一顆一顆的明珠，那麼累積下來的許多迷信就是魚目，魚目固然不值錢，但是經過幾千年的魚目仍是不可忽視的。

明珠歸明珠，魚目歸魚目，這是我們後代人整理文化遺產時應有的態度，若從另一角度去看古代醫藥方面的迷信和方術，也就了解這些本是古人在無可奈何的情況下，想出來的辦法，現代人由這些迷信和方術裡正可以看出古人在那個時代的想法和作法，而且這些迷信有的到今天仍然殘存於中國人的腦子裡，影響到大多數中國人的生活，阻礙了社會的進步，從人類進化史來看迷信，本是進化過程中必然的產物，也正是研究民俗的應該研究的課題，當然醫藥迷信非常多，瘧鬼之說不過是其中之一而已。

瘧鬼之説起於何時

翻開古書看看，鬼神爲祟，使人生病的記載太多了，自古人類就認爲冥冥之中藏著許多敵人，隨時隨地都會傷害自己，但是沒辦法找到它們，把它們消滅，於是才想出用祭祀祈禱的方法，盡力討鬼神的歡心，使鬼神不好意思再找人的麻煩；另一個辦法是用威嚇的方法來驅邪除祟，使惡鬼凶神遠離，不敢爲祟；也有人用道德規律來猜想冥冥之中的鬼神必是「聰明正直」的，一定賞善罰惡的；人間既有君子小人之分，鬼神之中也是一樣有小人有君子，在人間爲惡的是壞人，在冥冥之中爲惡的必是凶神惡煞，因此才有了瘧鬼欺負小人物的說法。

「東觀漢記」裡記載漢光武帝的大將軍景丹生瘧疾的故事：

景丹從上至懷病瘧，在上前瘧，上曰：「聞壯士不瘧，漢大將軍反病瘧耶？」，使小黃門扶起，賜醫藥，遂不起。

又「世說新語」也有類似故事：

中朝有小兒父病瘧，行乞藥，人曰尊侯明德君子何以病瘧，答曰來病君子，所以爲瘧。

由這兩段故事來看，由王充「論衡・解除篇」所記的原始紀錄「顓頊氏有子三人，生而皆亡，一居江水爲瘧鬼……」，已然被後人加添上「壯士不瘧」之說，附會越來越多，瘧鬼傳說就變得更活靈活現了。

住在南方卑濕之區的人多年以來受著瘧疾的困擾，大家都希望想出最好的方法來根治這種討厭的病，於是就分向兩方面發展：一、由籠統的概念進而去研究探索瘧鬼到底是什麼樣子，有什麼特徵和變化。二、由於受瘧疾困擾，進而去想辦法驅瘧鬼，或研究方劑去治瘧疾。

瘧鬼的形象

通常都認爲人是不能夠看鬼的，也有人講鬼是有氣無形的，因此誰也不知道「瘧鬼」是什麼樣子，同時人們也承認鬼神是變幻莫測的，於是許多鬼故事就在人們一半兒揣測，一半兒誇張的情況下傳播開來，最早王充「論衡」只講「顓頊氏有子三人，一居江水爲瘧鬼……」，這段記錄雖短，卻也告訴我們長江流域有瘧疾這個事實。更由於人們長期受瘧疾的困擾，才有枝添葉的把瘧鬼誇張描繪得更生動了，然後六朝以來的誌怪小說裡才有人在病中看到「瘧鬼」，捉到「瘧鬼」的故事出現：

「甄異傳」：「吳興張安病，正發，覺有物在被上，病便更甚，安自力舉被捉之，物化成鳥，如鵂鶹，瘧登時愈……。」

另一件捉「瘧鬼」故事出自「錄異傳」：「宏老吳興烏程人，患瘧經年不差，宏後獨至田舍，瘧發，有數小兒或騎公腹，或扶公手腳，公因佯瞑，忽起捉一小兒，遂化成黃鷁，餘者皆走，公乃縛以還家，懸窗上，云明日當殺食之，比曉失鷁處，公瘧遂斷，于時人有得瘧者，但呼宏公，便瘧斷。」

「甄異傳」只講瘧鬼形如鵂鶹，鵂鶹即貓頭鷹，中國人自古對貓頭鷹就沒有好感，認爲它一出現，就會帶來喪亡和不幸，討厭的「瘧鬼」形如貓頭鷹，乃是非常合理的構想，這是「瘧鬼」具體化的第一步；「錄異傳」寫得就更複雜多變化了，宏老在瘧病發作時，昏迷之中看到幾個小孩，有的騎在他的肚子上，有的在捉他的手腳，使他痛苦不堪，漸漸他清醒過來，仍然半閉著眼裝睡，靜靜在等待機會捉它們，突然他坐起來，很快的就捉到一個，其餘的都跑了，被他捉住的那個竟然變成一隻黃鵲，他就用衣帶綁了那隻鳥，帶回家去綁在窗格上，對家裡人說：「明天把它殺了吃肉」，不一會兒夜深了，全家都入了夢鄉，次日天明一看，綁在窗格上的黃鵲不見了，他的瘧疾也就不藥而愈了。這段故事把「瘧鬼」有關傳統說法都寫在一起，而且寫得生動活潑非常有趣；但到了孫思邈「千金翼方」裡就很清楚的講明：一天十二個時辰，瘧疾發作的時辰不同，作祟的鬼也不同，淹死的鬼使病人發冷寒顫，燒死的鬼使病人發高燒，用十二時辰各有不同的鬼作祟，來解釋瘧疾發作時種種現象，可算是巧妙，足可以自圓其說了。

時辰	鬼名	療法
寅時	獄死鬼	以瘧人著窯上，灰火一周莫令火滅，即差（瘥）。
卯時	鞭死鬼	用五色衣燒作灰，三指撮著酒中，無酒用清水服之。
辰時	墮木鬼	令瘧人上木高危處，以棘子塞木根間，立差。
巳時	燒死鬼	令瘧人坐，師以周匝燃火差。
午時	餓死鬼	令瘧人持脂火，於田中無人處脂香，假拾薪去，即差。
未時	溺死鬼	令瘧人臨發作，三渡東流水，即差。
申時	自刺死鬼	令瘧人欲發時，以刀刺塚上，使得姓名字，咒曰：若差，我與汝拔卻。即差。
酉時	奴婢死鬼	令瘧人碓梢上捧上臥，莫令人道姓字，即差。
戌時	自絞死鬼	用索繩繫其手腳，腰頭即差。
亥時	盜死鬼	右以刀子一口、箭一支，灰一周，刀安瘧人腹上，箭横底下，差。
子時	寡婦死鬼	令瘧人脫衣，東廂牀上臥，右手持杖，左手持刀，令打聲不絕，瓦盤盛水著路邊，即差。
丑時	斬死鬼	令瘧人當戶前臥，頭東向，血流頭下，即差。

驅瘧鬼與治瘧藥

前人既認爲瘧疾是因瘧鬼作祟，想辦法驅走瘧鬼，這是上策，找個瘧鬼不敢去的地方躲起來，雖不是根本辦法，倒也是沒辦法之中的辦法；瘧疾一直困擾著中國人，所以古老的醫書裡有好多斷瘧，驅瘧的方術，配合方術也有許多稀奇古怪的治瘧藥，今天我們後代人看起來，這些根本是巫術，怎能治病呢。

由六朝志怪小說裡的「瘧鬼」故事，可以看出人總是想盡辦法擺脫它的糾纏：

「述異記」：「武康徐氏宋太元中，病瘧連治不斷，有人告之曰可作數團飯，出道頭，呼傷死人名，云『爲我斷瘧，今以此團與汝』，擲之徑不反顧也，病者如言，乃呼故晉車騎將軍沈充。須臾有乘騎導從而來，問汝何人，而敢名官家，因縛將去，尋覓經日，乃於冢側叢棘下得之，繩猶在，瘧遂痊。」

這個故事所說斷瘧方法是呼叫亡魂替他斷瘧；另一個故事是祈求廟神爲他斷瘧：

「錄異傳」：「嘉興令吳士季者曾患瘧，乘船經武昌廟過，遂遣人辭謝乞斷瘧焉。既而去廟二十餘里，忽夢塚上有一騎追之，意甚疾速，見士季乃下馬，與一吏共入船後，縛一小兒將去，既而瘧疾遂愈。」

後來人覺得斷瘧，驅瘧都不一定有效，就想到廟裡去躲避瘧鬼，乃是基於神正鬼邪的觀念，正神的廟堂裡邪祟是不敢進來的，到廟裡避瘧這個辦法，直到唐宋兩代仍然流行，杜甫有詠避瘧的詩，描述頗爲詳細。

「列異傳」：「大司馬河內湯蕤字聖卿，少時病瘧，逃神社中，有人呼曰：『杜郎，杜郎』聖卿應曰：『諾，』起至戶口，人曰：『取此書去。』得素書一卷，乃劾百鬼法，所劾輒效。」

「列異傳」這部小說據「隋書・經籍志」著錄，題爲魏文帝作，雖不見得眞是曹丕的作品，但是列在甄異傳之前，至少可以肯定它是六朝人的作品，也就是說到廟裡避瘧的習俗，唐以前就有了。

南宋趙與旹「賓退錄」卷七：「世人瘧疾將作，謂可避之它所，閭巷不經之談也，然自唐已然，高力士流巫州，李輔國授謫制，時力士方逃瘧功臣閣下，杜子美詩：『三年猶病瘧，一鬼不銷亡，隔日搜脂髓，增寒抱雪霜，徒然潛隙地，有靦屢鮮粧……』，則不特避之，而復塗抹其面矣……」

這段話看來，到廟裡躲「瘧鬼」習俗已然很久，直到南宋尙未廢止，但是趙與旹對此已然表示懷疑，認爲是不經之談了，淸人彭邦燕（嘉慶道光之間的人）更由他自身的經驗，證明躲避瘧鬼之說根本不可信：

俗傳病瘧當發日，先期潛避他所，如是兩三次即愈，丁未夏，余解餉甘肅，回至華陰，忽大寒熱，次日應時而作，方知是瘧，自彼抵濟南凡廿三站，一日一易地，竟未逃卻一次，足可證其荒謬。——「閒處光陰」卷下。

按彭邦燕字配堂，南昌人，「閒處光陰」是他晚年家居時所作，自序署道光廿九年，以此判斷他是嘉慶道光之間的人大概不錯。杜詩那句「有靦屢鮮粧」是說避瘧的人不但要在廟裡住，還要把自己的臉塗成花臉，免得被瘧鬼認出來，這眞是俗語所說的騙鬼哩。

從前的人既認爲瘧疾是由於瘧鬼作祟所致，除了斷瘧，避瘧以外，雖然也有治瘧疾的藥方留傳下來，但是仔細看看那些藥方多半含有巫術色彩，因爲所列藥物除了常山，好多都不是主治瘧疾的藥，看來似是巫醫施術時用的法物而已，怎能治病呢？

從葛洪「備急方」，孫思邈「千金翼方」直到李時珍「本草綱目」都有治瘧疾的方，孫氏「千金翼方」最後一部分是「禁經」，乃是禁咒諸疾的法術，其中也有禁瘧疾法，綜合看來傳統治瘧疾的方法可說是仍停留於半禁咒半醫療階段，今舉幾個例證，以見一斑：

一、「備急方」卷三：

1. 鼠婦豆豉各二十七枚，合搗令相合，未發時服二丸，欲發時服一丸（鼠婦是一種小蟲）。

2. 用獨父蒜於白炭上燒之，末服方寸匕。

3. 取蜘蛛一枚納蘆管中，密塞管口以綰頸，過發時乃解去。

4. 破一大豆去皮，書一片作日字，一片作月字，左手持日，右手持月，呑之立愈，向日服之，勿令人知。

5. 常山搗下篩成末三兩，眞丹一兩，白蜜和搗百杵，丸如梧子大，先發服三丸，中服三丸，臨臥服三丸，無不斷者，常用效。

孫氏「千金翼方」卷十八「痎瘧第二」內只列「蜀漆圓」和「陵鯉湯」二方，是純靠服藥治病，沒有涉及禁咒法術，其他古醫書或多或少都佔有巫醫色彩，就連時代較晚的「本草綱目」也有用「去年全曆」燒灰，米湯爲丸，可治邪瘧的療法（見「本草綱目」卷三十八「器部服帛類」），可見能夠突破傳統的人實在少見，只有金代的張從政居然有「瘧非脾寒及鬼神辯」令人欽敬的主張，正是古人所謂豪傑之士了。

若從另一角度來看孫氏禁瘧咒語詞句：「登高山，望海水，水中有一龍，三頭九尾，不食諸物，唯食瘧鬼朝食三千，暮食八百，食之不足，差使來索。」所謂「龍食瘧鬼」之說大約是來自神荼鬱壘捉鬼飼虎的傳說，變虎爲「龍」，當然是由於「龍」比「虎」更神奇更有威力，更能嚇退瘧鬼了；後來呑食瘧鬼的工作由「龍」「虎」，轉由以鬼爲糧的鍾馗擔任，則是晚唐五代以來的說法，傳說唐明皇患瘧，病中恍惚見一大鬼捉食數小鬼，問其姓名，自稱鍾馗，醒後瘧疾痊癒，即命吳道子繪其形貌，從此鍾馗取代神荼鬱壘的地位，人們更加强誇大他的威力，由最初的吃瘧鬼，演變爲各式各樣的鬼都是他果腹之物，甚至他的畫像燒灰爲丸，就可治瘧又可治難產（見「本草綱目」卷三十八），這個由以「鬼」飼虎演變爲鍾馗以鬼爲糧的演化過程，正是我研究瘧鬼問題的意外收穫呢。

孫思邈談老人醫學

近幾年來，由於醫藥衛生的進步，人的平均年齡提高，死亡率降低，因此各國高齡人口都有日益增多的趨勢，這也促使醫學家們起而研究老人醫學問題。

中國人傳統觀念重視孝道，尊敬老人，古籍之中雖然昭告卑幼晚輩，要先意承志，善體親心，不要只注意口腹之養，話雖講得不錯，卻只是空洞的幾句話而已，幷沒有提出具體的辦法，「禮記」「內則」「曲禮」兩篇只談對尊長的禮節，也沒有談到老人實際生活上的種種問題。

孫思邈「千金翼方」卷十二「養老大例」、「養老食療」兩篇，可說是我國老人醫學之始，他先分析老人心理、生理的變化，再指導老人保養心身之道，以及日用起居飲食的衛生，講得相當完備，卷十四「退居篇」講的是怎樣安排退休生活。綜觀孫氏這三篇的內容，有好多想法和主張，今天看起來仍然具有不能動搖的價值，不過他本人就是知名的道術之士，對於禁咒可以治病、服食能夠延年的說法信受不疑，這也不足爲奇，因爲他畢竟是千百年前的人，現代人是不該用現代人的尺度去衡量古人的。

論曰：「人年五十以上，陽氣日衰，損與日至，心力漸退，忘前失後，興居怠惰，計授皆不稱心，視聽不穩，多退少進，日月不等，萬事零落，心無聊賴，健忘瞋怒，情性變異，食飲無味，寢處不安……。」——「千金翼方」卷十二。

這段是說人到五十以後，開始老化，不論生理、心理各方面都呈現出衰退現象，體力衰退，心智大不如前，視力聽力也都退步了，記憶力不好，變得健忘，忘前失後，脾氣更是暴燥易怒，覺得事事都不如意，心理影響到生理，於是生活失去規律，不再按時睡眠，按時飲食，終日感到惶惶不安，情緒低落，生趣全無，作兒女的只覺得老人家的脾氣越來越壞，簡直是叫人感到無法相處，只好極力滿足他的願望，不要惹他不開心不高興，所以古代有一句俗語說「孝子不種落葉樹」，生怕父母看到落葉，見景傷情，就是這個道理。

孫氏在「養老大例篇」裡也從另一個角度來勸告老人不可恣縱，這種見解在孝道至上的傳統社會裡眞是少見，更是叫人欽敬了：

老人之性，必恃其老，無有藉者，率多驕恣，不循軌度，忽有所好，即須稱情，既曉此術，當宜常預愼之，故養老之要，耳無妄聽，口無妄言，身無妄動，心無妄念，此皆有益老人也。

這段勸告老人不可倚老賣老，任性驕縱，濫用親權，對兒孫晚輩有無理的、過分的要求，自己要約束自己的言行，減少貪求妄念，要知道這樣做并不是委屈自己，實在是對老人本身是有益的。

人既然老了，體力衰退乃是必然的事，因此不可以再逞強學少年，凡事都要多加節制，適可而止：

養老之道，無作博戲，強用氣力，無舉重，無疾行，無喜怒，無極視，無極聽，無大用意，無大思慮，無吁嗟，無叫喚，無歌笑，無哮啼，無悲愁，無哀慟，無慶吊，無接對賓客，無預局席，無飲興，能如此者可無病長壽。

這段話他具體的列舉好多事項，告誡老人不要不肯服老，還像從前一樣逞強好勝，舉重，疾行，大吃大喝，大呼大叫，應該少浪費視力聽力，少苦思焦慮，少感情激動，少應酬，少參加宴會，少喝酒，少會見賓客，能夠切實奉行，必然可以康強長壽了。

孫氏本身是醫生，又是善於養生的人，他也指導老人怎樣奉行食療養老之道：

一、非其食勿食。非其食者所謂豬豘、雞魚、蒜膾、生肉、生菜、白酒、大酢、大鹹也。

二、當學淡食，至如黃米、小豆，此等非老者所宜食，故必忌之，常宜輕清甜淡之物，大小麥麵粳米等爲佳。

三、雖有水陸百品珍羞，每食必忌於雜，雜則五味相撓，食之不已，爲人作患，是以食取鮮肴，務令簡少。

四、老人腸胃皮薄，多則不消，膨脹短氣，必致霍亂，夏至以後秋分以前，勿進肥羹臛、酥油酪等，則無他矣。

五、又忌強用力齩齗堅硬脯肉，反致折齒破斷之弊。

六、老人所以多疾者，皆由少時春夏取涼過多，飲食太冷，故魚膾、生菜、生肉、腥冷物多損於人，宜常斷之。

七、惟乳酪、酥蜜常宜溫而食之，此大利益老年，雖然，卒多食之，亦令人腹脹瀉痢，漸漸食之。

八、人年五十以去，皆大便不利，或常苦下痢，有斯二疾，常須預防，若秘澀則宜數食葵菜等冷滑之物，如其下痢，宜食薑韭溫熱之菜。

以上這八條已然很詳細的指導老人應該注意的飲食衛生之道，最後他又提出老人養生的原則是：

老人非但須知服食將息節度，極須知調身按摩，搖動肢節，導引行氣之道，一日勿住，不得安於其處，以致壅滯，故流水不腐，户樞不蠹，義在斯矣。

簡單的說就是起居規律，飲食有節，多運動，少任性，保愛心身，必臻上壽。

孫思邈談兒童教育

談到傳統兒童教育，就會想到「養不教父之過」，「教不嚴師之惰」這兩句古話，再加上「朴作教刑」，「棒頭出孝子」這一類說法推波助瀾，我們不難想像出從前的孩童畏縮怯懦的形象，難道這就是他們的本來面目嗎？當然不是，絕對不是，可是他們爲什麼變成這種可憐兮兮的樣兒呢？這都是「棒頭出孝子」的成果，因爲他們的父母師保希望他們「規行矩步」，雖在髫齡，「儼有成人之度」，希望他們個個都是溫文儒雅的「小大人」，只要稍露出孩童活潑好動的本性，大人們就會罵他們是「野孩子」，「有爹娘生，沒爹娘教」，作父母的生怕被人恥笑自己「沒家教」，於是家家都嚴格的管教兒女，所以從前的兒童大多數都被管得失去活潑，缺乏自動自發的精神，長大之後也沒有擔當，缺乏膽識，只有墨守成規，不敢改革，不敢創新，這種傳統的兒童教育方式直接影響到我們的社會，阻礙了國家社會的進步，直到明末淸初西方工業社會勢力打破了我們封閉多年的門戶，伸出侵略的魔掌，一時之間就把中國人嚇得張皇失措，既想不出應變的方策，也缺乏保衛國土的勇氣，才任憑宰割，簽下許多不平等條約，害得中國人失去民族自尊心和自信心，追根究底可說是由於千百年來我們錯誤教育方式造成的。

難道我們自古以來就沒有比較合理的兒童教育理論嗎？這在一般衛道的士大夫著作裡是找不到的，最近爲了收集古代飲食衛生史料，翻了許多隋唐以來的古醫書，無意中在孫思邈千金翼方裡發現了一段話，簡直是「空谷足音」，他是隋末唐初的人居然有那樣開明的見解，叫人眞是不敢相信，也不得不欽敬了。

千金翼方卷十一養小兒篇：

「論曰文王父母有胎教之法，此聖人之道未及中庸，是以中庸養子，十歲以下依禮小學，而不得苦精功程，必令兒失心驚懼，及不得苦行杖罰，亦令兒得癲癇，此事大可傷怛，但不得大散大慢，令其志蕩；亦不得稱讚聰明，尤不得誹毀小兒，十一以上得漸加嚴教，此養子之大經也，不依此法，令兒損傷，父母之殺兒也，不得怨天尤人」。

綜觀這段話把兒童教育基本原則已然清清楚楚的指示我們了，現在分析解釋於後：

一、「中庸養子，十歲以下依禮小學，而不得苦精功程，必令兒失心驚懼，及不得苦行杖罰，亦令兒得癲癇」。

這段話告訴父母，十歲以下的小孩按照古禮入小學，可是不要逼得太緊，嚴格限制孩子們每天一定要作多少功課，這樣會讓孩子心理上感到很大的壓力，對讀書學習感到畏懼，產生排拒心理；更不要施行體罰，免得孩子們嚇破了膽，變得畏縮怯懦，不敢面對現實。

二、但不得大散大慢，令其志蕩，亦不得稱讚聰明，尤不得誹毀小兒；十一以上得漸加嚴教，此養子之大經也，不依此法，令兒損傷，父母之殺兒也，不得怨天尤人」。

這段話告訴家長，十歲以下的孩子們也不可以完全放任不管，只要稍加管束，讓他們不要「出軌」就好了，聰明伶俐的也不要過分稱讚，免得養成狂妄自大的習性；愚笨遲鈍的更不要多加責罵，罵他沒有出息，是個廢物，這樣會傷害他的自尊，摧毀他的信心，使他自暴自棄，這些都是父母必須切記遵行的事；十一歲以上才可以用漸進方式嚴格督導兒女，如果一味嚴酷，造成兒童心理上生理上的傷害，那等於是父母殺害自己的兒女，咎由自取，是不該怨天尤人的。

千載之下的我，看完這段話，仔細想想，孫氏的說法和現代兒童教育理論可說是不謀而合；但是再想想現今的孩子們正在接受各式各樣的塡鴨教育—電腦班、才藝班、雙語班、鋼琴、小提琴……把孩子們逼得幾乎精神崩潰的情況，眞忍不住要大聲疾呼：「饒了孩子」，「救救孩子」吧！

附：一千年以前中國的兒童教育心理學

三個電視臺，每天一共有好幾十個節目，供給大家收看，固然有許多被人批評攻擊的，可是仍然富有教育意義充滿人情味兒的東西，比如杏林春暖、醫門滄桑都非常好，也給人不少啓示，我尤其欣賞那位慈眉善目，常帶笑容的老醫生威大夫。直覺裡就認爲他不但是位能治生理病的好醫生，也是能治人們心理病的好醫生，連類而及，就想搜尋搜尋我們中國又有沒有這樣的一位醫生呢？

有的，當然有的，提起此人，大家並不陌生，乃隋末唐初的孫思邈孫大夫是也，雖然民間傳說講他給黑虎療過傷，也曾下海到龍宮出診，給龍王太子治過病，被後代人尊奉作藥王爺，全國到處都有藥王廟，每年四月廿八日他的壽日藥商們還要演戲獻供，大大的為他慶祝一番。

他的遺作千金方和千金翼方，我雖然讀過，可是那些太陰太陽、太陽少陽之說，我一竅不通，只是對他那段談兒童教育的話十分佩服，因此才寫出來給目前作父母的，作老師的先生女子們看看：

「論曰文王父母有胎教之法，此聖人之道，未及中庸。是以中庸養子，十歲以下依禮小學，而不得苦精功程，必令兒失心驚懼；及不得苦行杖罰，亦令兒得癲癇，此事大可傷怛。但不得大散大慢令其志蕩；亦不得稱讚聰明，尤不得誹毀小兒。十一以上得漸加嚴教，此養子之大經也，不依此法，令兒損傷，父母之殺兒也，不得怨天尤人」

——千金翼方卷十一小兒雜治第二。

這段話分析起來有四個要點：

一、不得苦精功程，必令兒失心驚懼：就是不要給幼稚的小學生硬性規定要作完定量的功課，什麼每個生字寫一百遍，每課課文抄五十遍等等，這樣只能破壞了小孩學習的胃口，視讀書爲苦事。還有些既有錢又賢明的父母一定要把兒女教育成不但是全才而且又出眾的龍鳳，於是規定他或她每天除了到最有名的私立小學上課，下課之後每週一三五要到×××老師那兒學鋼琴，二、四、六要到×××老師那兒學舞蹈……星期日一大早就要打扮整齊，由司機老王開車子把他或她送到天母某某洋人家，和洋小孩小約翰小貝蒂在一起玩，藉此訓練英語會話；根本不給他或她一點時間，讓他或她可以自由自在的跟隔壁的小胖大寶在一起跳房子辦家家酒；照這樣教育孩子，不但把他或她的小腦子大卸八塊，也把他或她的全部時間大卸八塊，日久天長不把他或她逼得精神分裂才怪哩！

二、不得苦行杖罰，亦令兒得癲癇；他這兩句話正是反對體罰的宣言，「棒頭出孝子」這句話固然是眞的，可是「棒頭」教出來的只是唯命是從的窩囊廢，老子娘活著的時候有這樣的兒女自然是得心應手；不過臨死的時候可能會死不瞑目，要擔心這個窩囊廢往後沒有老子娘替他打頭陣，怎麼活下去？而且「棒頭」只能用之於懦弱老實的孩子，「棒頭」若用到有個性寧折不彎的孩子身上，他就會和父母師長對立，變成忿怒的叛徒，擾得家宅不安，社會不寧，害得警察局少年組、張老師電話全體動員，那已經晚了。

三、不得大散大慢，令其志蕩；管孩子要有個中庸之道，太嚴了，完全採用强制的高壓政策，固然不行；完全放任，由他「樹大自直」也不行，爸爸在公司開會在酒家舞廳開會，媽媽在家跟汪媽媽李媽媽趙阿姨開「四健會」，孩子要吃飯，就丢給他幾張鈔票，叫他走得遠遠的，不要來吵我！對他的日常生活，最近情況全不關心，把孩子丢在一邊，不聞不問，怎會不成了「沒籠頭的野馬」？

四、不得稱讚聰明，尤不得誹毀小兒：「鼓勵」是最好的教育法，但是「高帽子」戴多了，就會使人飄飄然忘其所以，成年人如此，小孩子尤其是如此。所以誇奬的「高帽子」偶一用之，頗爲有效，可以使他幹得更起勁兒。若是「高帽子」變成鴉片煙，沒有它不能過日子，那怎麼行？「高帽子」這種鴉片煙中了毒，就會使人成了狂妄自大的井底之蛙，而且能勝不能敗，請問誰能夠一輩子永遠「一帆風順」？怎能忘了「天外有天」，就自認爲天下無敵？

若是動不動就往孩子頭上澆涼水，掃他的興頭，叫他覺得自己笨手笨腳動輒得咎，簡直一無是處，就會讓他變得畏怯自卑，喪失自信，什麼也不敢做，什麼也做不成了。

由我這後生晚輩—晚了一千多年的後生晚輩，以「醉雷公胡劈」的方式來解釋這位孫大夫的兒童教育理論，不是吹牛，可說是雖不中不遠矣。

孫大夫以作醫生的立場，講出上面那段話來勸告天下作父母的人，切不可以做那些「愛之適足以害之」的愚蠢行爲，他才苦口婆心的請大家饒了孩子！救救孩子吧！

古書裡所記的「職業病」

「職業病」這名詞是近年來才出現在書刊雜誌上的，這當然是由於我們的社會已然高度工業化的緣故。可是我們不該武斷的就說古代沒有「職業病」，因爲從古書裡已然找到不少資料，不但有「職業病」，而且有「公害」、「空氣污染」和「河川污染」，可見古人已然注意到這些事實，才把它記錄下來，只是他們紀錄這些事實的動機大都是由於好奇，并沒有再加追究，研究它的「所以然」，因此他們的紀錄只能供給我們後人一些事實，至於進一步的研究，那就是我們的工作了。

「職業病」紀錄最早的見於北宋孔平仲的「談苑」：「賈山谷采石人石末焦肺，肺焦多死……。」這是講採石工人長期工作，把石頭粉末吸進肺裡，阻塞了呼吸器官而死亡的事。

明李時珍「本草綱目」卷八和方以智「物理小識」卷七都談到「鉛中毒」的事，清趙學敏「本草綱目拾遺」也有關於「鉛中毒」的補充說明。他們所說的「鉛中毒」是製鉛粉工人因長期工作而中毒的事，「鉛粉」又叫作「粉錫」，是用鉛打成薄片，入甑用醋一瓶同蒸，化作粉狀，就是古老的化妝品——鉛粉。李時珍在「粉錫條」下引何孟春「餘冬敘錄」云：作粉工人必食肥豬犬肉飲酒及鐵漿以厭之，枵腹中其毒，輒病至死，長幼爲毒薰蒸，多痿黃癱攣而斃……。」

方以智「物理小識」卷七鉛成黃丹胡粉法條：「……取鉛之處，人多受其毒，或成黃腫……。」

趙學敏「本草綱目拾遺・正誤」：「粉錫即鉛粉，乃以鉛打成薄片，入甑，用醋一瓶同蒸，化作粉用，今杭城多有業此，名曰『粉坊』。工人無三年久業者，以鉛醋之氣有毒，能鑠人肌骨，且其性燥烈，坊中人每月必食鵝一次以解之……。」

綜合三人的紀錄，關於「鉛中毒」的症狀，以及中毒的嚴重後果都講得很清楚，不必再加闡釋，只是他們所講的解毒方法——工人要吃鵝肉，肥豬肉犬肉，要喝酒，要飲鐵漿，我們既無法解釋這幾種方法能夠化解鉛毒的理由，也無法證明這些方法一定有效，只好存疑了。

日人丹波元簡「醫賸」和原昌克「叢桂偶記」分別談到菜農和種煙草農人特有的職業病：

陸儼山「農田餘話」云：「作園士治蔬圃，其人必病黃。」日與穢惡之氣相近，蓋五藏之內脾香，臭惡之氣入脾，以害脾也。——丹波元簡「醫賸」卷中「肺焦黃胖」條。

原昌克「叢桂偶記」之中「黃胖」條也談到日本種煙草農人的特殊病情：

余按本藩地方栽培煙草之處，尤多此病焉，其症身體青黃浮腫，起居動作喘息，膈間動悸如鼓，上衝人迎築築然而耳鳴，其劇者或欲起行則先眩悸喘息，平坐偶然則動穩喘平，精神不甚惡，但偃蹇懈怠，其人手足爪甲枯碎不長，皺皮不澤是其兆也。

陸儼山即是陸深，他是明中葉的人，他講種菜的菜農和原昌克所講的日本菸農都患有「黃胖」病，只是陸深的紀錄失之簡略，解釋也不夠淸楚，這是由於他只是一位讀書人不懂醫理，不過記錄下當時菜農共有的病症而已；原昌克本人是醫生，所以他對患者的症狀紀錄非常詳密，頗有參考價值，不過照常理推測，從前沒有化學製劑的農藥，都靠天然肥料如人畜糞便，豆餅、油渣之類，怎麼也會造成「職業病」……大概是長期慢性中毒的結果。

晚明方以智「物理小識」卷七曾談到安徽地區燒礬廠的「空氣污染」和「公害」的情形：

礬，涅石燒煉而成，桐城過黃泥河十里即盧江礬地也，久燒廠人無疥；青礬廠氣薰人，衣服當之易爛，栽木不茂，唯烏柯樹不畏其氣。

他的紀錄講盧江燒礬廠工人由於長期工作，天天受「廠氣」薰，所以不生疥瘡，可見這種「廠氣」具有强烈的殺菌力，才能殺死工人身上的「疥蟲」；但是長期接觸這種氣體，人也會受害的。又青礬廠的「廠氣」薰人，所謂衣服當之易爛也就是說「廠氣」具有腐蝕力，薰久了衣服會爛，空氣中夾雜了大量「廠氣」，附近的樹木當然不會茂盛，至於「烏柯樹」爲什麼能夠例外，那倒是一個値得注意的例子了。

此外清李斗「揚州畫舫錄」卷九也有關於「河川污染」的紀錄：「……龍頭關河道半爲兩岸匽瀦滮池所集，渾濁污穢，五色備具，居人恆苦之。」「揚州畫舫錄」是清乾隆年間的作品，當時揚州是全國的大都市之一，由於市區人口密集才會成「河川污染」，今天看到這段紀錄使人如聞其臭如見其髒，眞是令人噁心之至。

總之，對古書稍加檢視，就可以找到這些有關「職業病」、「公害」、「空氣污染」、「河川污染」的史料，可見這些都是「古已有之，於今爲烈」而已，幷非純是近代的產物。

香煙與健康

中國人古老的嗜好品是酒，商紂沉湎於酒，因此荒廢正事，不理朝政，終致國亡身死「自焚於鹿台，成了斷送祖先基業的罪人，所以幾千年來古聖先賢留下許多告誡大家不要沉迷於酒的警語；但是也有文人雅士寫出無數歌頌酒的詩詞，看起來眞是上帝與魔鬼同在，矛盾之至。

另一後起之秀的嗜好品「淡巴菰」和酒比起來，那就差得多了，它在中國的歷史不過三、四百年，也缺乏赫赫的名聲，自是比不過「酒」和它的另一夥伴「鴉片煙」了。

「淡巴菰」這名字是由直接譯音而來，另外它還有一個名字是「淡肉果」，也由直譯而來，兩者比起來，「淡巴菰」這名詞比較普遍，才會一再在明清人著作裡出現；它和「鴉片」同樣是用「藥材」身份通關進口來到中國的，由「藥材」轉變爲「嗜好品」的過程也和「鴉片」差不多。變成「嗜好品」以後，農人們看出有利可圖，於是大量栽種，更因產地不同，品種不同，加工方法不同，才有了「福建皮絲」、「老關東」、「潮煙」、「蘭州煙」等等成品。

由李時珍「本草綱目」裡是找不到「淡巴菰」這名字的，晚明方以智「物理小識」裡才談到它：

淡把姑煙草：萬歷末有攜至漳泉者，馬氏造之曰「淡肉果」，漸傳至九邊，皆銜長管而火點呑吐之，有醉仆者。崇禎時嚴禁之不止，其本似春不老，而葉大於菜，暴乾以火酒炒之，曰金絲煙，北人呼爲「淡把姑」，或呼「擔不歸」，可以袪溼發散，然久服則肺焦，諸藥多不效，其症忽吐黃水而死」。——「物理小識」卷九。

方氏這段記錄雖然不長，卻完整的報導了煙草傳入中國的經過，以及流傳的情形，煙草的功用和吸煙的害處，可算是一篇好的香煙小史。自此以後，清人的著作裡不斷的出現有關的記載，由於這些作者對它的認識更加深入，因此有煙草的用處和害處，寫得更加詳密，運用這些資料，必可寫出更充實的香煙流行中國史。

在紙煙流行之前中國人吸煙的方式有三種：第一種是鼻煙，清初人的書裡有好多關於鼻煙的記載，趙之謙還寫出一部「勇盧閒話」，專門來談鼻煙的事。據他的說法，明萬歷時意大利傳教士利瑪竇來華時，就把「鼻煙」當作貢品，獻給皇帝，從此它就成了當時高階層人士的嗜好品之一，由品味鼻煙的高下，進而考究鼻煙壺的式樣、品質，間接促進了製造鼻煙壺精緻工藝的發展，有錢有閒的士大夫們除了收集古董字畫，還添了一項收集珍奇鼻煙壺的新嗜好。

由「物理小識」所記「漸傳至九邊，皆銜長管而火點呑吐之」情形看來，這分明是用「

長煙袋」吸煙，也就是吸煙的第二種方式，既然流行於九邊，吸煙的人大約是士兵和低級軍官們，他們吸煙最初是爲了提神治病，後來就上了癮，無法戒除了，漸漸由軍中來到民間，吸煙的人口日益加多，雖然缺乏數字統計，但是看看「紅樓夢」和「兒女英雄傳」這兩部有名的章回小說，就會發現「紅樓夢」裡只談到「鼻煙」而且是「上等洋煙」，由那精緻的容器（上畫肉翅仙人）就可證明它在當時豪門貴族家中流行的事實；「兒女英雄傳」裡雖然也談到「水煙袋」和「鼻煙」，可是講得最多的是「煙袋」，算一算書裡談到的「煙袋」至少有八、九枝，尤其值得注意的是書中的婦女除了何玉鳳，她們幾乎人人吸煙（安太太、舅太太、張親家太太、張金鳳、長姐兒、鄧九公的妾、能仁寺窩藏的婦人、天齊廟逛廟的小媳婦），男人吸煙的只有程師老爺的煙袋是被作者誇張描繪得既髒又臭，作爲捉弄好潔成癖的長姐兒的道具。

據趙學敏「本草拾遺」卷二引「粵志」：「近蘭州出一種煙，名曰水煙以水注筒吸之，令煙從水過，云絕火毒，然煙味亦減」，可見「水煙」吸法最初是在蘭州創始的，後來逐漸流行開來，清末專門描繪上海娼妓情況的小說「九尾龜」和「海上花列傳」都曾講過闊嫖客爲妓女打造金水煙袋的事，正是最好的例證。

吸煙既成了中國人主要的嗜好之一，有關「煙」的諺語和習俗也跟著產生了：

「煙酒不分家」「飯後一袋煙，快活似神仙」，這是大家耳熟能詳的俗諺；「裝煙、倒茶」既是晚輩服侍長輩例行的工作，也是家家招待客人應有的禮貌；清末民初，北平有一句新諺語傳播開來，那就是：「抽煙沒有桿兒，花錢沒有眼兒，穿鞋沒有臉兒」，這三句話講的是由於新潮的沖擊，使人們日常接觸的事物都起了變革，自從洋鬼子把紙菸帶進中國以後，它那輕便容易攜帶的優點就以壓倒的形勢取代了古老的「旱煙袋」「水煙袋」的地位；同時清末改鑄新幣，不再用有孔的「制錢」；大家腳上的鞋子也改爲滿幫平口式，不再流行「單臉」或「雙臉」，如今這種古老式樣只能在國劇舞台上看到了。

方以智已然講到崇禎時嚴禁士兵吸煙和吸煙能導致肺焦，最後會吐黃水而亡，他的記述雖然簡略，卻早已警告大家不要吸煙，可是吸煙人們既成了嗜好的俘虜，也就不易擺脫它的控制，甚至明知吸煙有害，可是仍然吸下去。

吸煙的歷史日益加長，有關煙的毒害也陸續被人記錄下來，清趙學敏「本草拾遺」收集許多前人資料對煙草和吸煙的毒害有完整的闡釋：

乾燥的菸葉梗莖磨成粉末，山東登萊地方的人就用這種粉末毒魚，大魚浮於水面，小魚皆死；收藏善本書或字畫的人時常在匣子、櫃子裡放些氣味强烈的「關東菸」，就可除蟲防蛀，比樟腦丸還有效。

使用多年的「老煙袋桿兒」裡積滿了「煙袋油子」，「煙袋油子」是蛇蝎的制命剋星，善於捉蛇的人身邊經常準備著「煙袋油子」，既可拿來制蛇，萬一自己被毒蛇咬了，在傷口塗上「煙袋油子」就可以解毒止痛，北平俗諺常用「蝎虎兒吞了煙袋油子，渾身打哆嗦」這句話來描寫人當恐懼時全身發抖的形象，語雖詼諧，卻對「煙袋油子」能夠剋制毒蟲作了明證。

趙學敏本人是醫生，所以對吸煙之害有深入的觀察，他以他的朋友爲例，說明停止吸煙的好處：

友人張壽平與予同館臨安，每晨起見其咳吐濃痰滿地，年餘迄未愈，以爲痰火老疾，非藥石所能療，一日忽不食煙，如是一月，晨亦不咳，終日亦無痰唾，精神頓健，且飲食倍增，啖飯如湯沃雪，食飽後少頃即易飢，予乃悟，向之痰咳，悉煙之害也，耗肺損血，世多陰受其禍而不覺。——「本草拾遺」卷二

癮君子們看到這般記錄，總該丟掉你的煙了吧！

中國的同性戀

談到同性戀，中國古書裡的記錄可眞不少，有人講尙書伊訓篇所說的：「比頑童」，就指的是喜好男色，親近「頑童」；又有人講三百篇裡那首「靑靑子衿」乃是同性戀者的情歌，這種說法未免扯得太遠了，失之牽强。

正確可靠的記錄首先要推韓非子裡講到彌子瑕和龍陽君，彌子瑕和孔子同時，彌子瑕和子路是「連襟」，可見衛靈公寵愛彌子瑕是春秋戰國時代家喻戶曉的事，同性戀盛行這是很好的說明。

漢代皇帝有幾位都喜愛「男色」，漢書佞幸傳裡有詳細的敘述，漢文帝寵鄧通，漢武帝寵韓嫣李延年，漢成帝寵張放，漢哀帝寵董賢，這些「男寵」既得到皇帝的寵愛，也成爲特權人物，許多官吏還要走他們的門路，藉此升官呢！其中以鄧通和董賢的權勢最大，影響力也最大：

漢文帝寵愛鄧通，據說當時有一位出名的相面先生給他相過面，說他將來必然餓死，文帝說：「我就不相信這說法。」於是就賜給他蜀嚴道山銅礦，允許他家自己鑄錢，因此鄧氏錢流通天下，影響到政府的財政。鄧通一直跟在文帝身邊，有一次文帝身上生了一個惡瘡，瘡口紅腫，膿水不易流出來，鄧通就用自己的嘴對著瘡口，用力吸吮，把膿給吸出來，後來太子（即漢景帝）來問候皇帝的病，文帝就對太子談到鄧通替自己吸膿的事，又說：「天下最親的莫過於父子，鄧通不是我的兒子都能這樣做，你是我的兒子，當然更會做了。」太子沒法子也只好替他把瘡口裡的膿吸出來，從此心裡就深深恨著鄧通，文帝死後，景帝即位，抄沒鄧通的家產，把他下獄，他眞的餓死了。

漢哀帝寵董賢，比漢文帝寵鄧通尤有過之，有一次他和皇帝在宮中午睡，他枕著皇帝的手臂睡著了，及至皇帝睡醒，想要起床，可是看到董賢枕著自己臂彎睡得正酣，不忍心叫他，要抽出自己的手臂，衣袖卻被他的頭壓住了，怕吵醒他，就悄悄割斷自己的袖子下了牀。後代人稱同性戀爲「斷袖之愛」就指的是這件事。董賢得寵時，天下進貢的奇珍異物一半都在他的家，皇帝特別派宮中負責工程的「將作大匠」替他建造住宅，又因爲董賢沒有封侯，就把告發東平王咒詛的功勞算作他的，封他作高平侯，那年他只有二十二歲，和原來告發人息夫躬一樣都是千戶侯，後來又加了兩千戶，甚至連棺材都替他準備下了，哀帝在位時董氏內外親族都居高位作大官，朝野對他一家都側目而視，敢怒而不敢言，有一次宮中宴會，皇帝已然半醉，他竟對董賢說：「朕很想學學堯舜禪讓呢！」侍宴的群臣都沒講話，只有王閎對皇帝說：「天下是皇帝取得，陛下繼承祖業，傳之後代，不能學堯舜讓給外人！」皇帝很不高興，從此不許王閎進宮，哀帝死後，董賢被彈劾，全家得罪，抄沒他的財產，董賢自殺。

除了宮廷，達官顯宦之中也有不少沈迷於同性戀的，比如昭帝時大將軍霍光寵家中的僕人馮子都，梁冀寵秦宮，秦宮既是梁冀的「孌童」又是孫壽的「面首」，於此可見那時候「同性戀」只流行於宮廷和貴族家庭之間，並不普遍，扮演女性的一方有的是奴僕，有的是受過宮刑的閹人，比如漢武帝所寵的李延年是因犯法受宮刑，沒入宮中，因爲他善於歌唱，才得到武帝的寵愛，再有就是貴族子弟自幼出入宮中，時常和皇帝在一起，就成了皇帝的男寵，武帝時的韓嫣，漢成帝時的張放，同樣的出身於貴族之家。

從春秋戰國直到兩漢，男色雖然流行，但不太普遍，還有這時期的同性戀者也照樣結婚娶妻，並沒有完全棄絕女色，同時也沒有出賣色相的男妓。

魏晉六朝以來男色大爲盛行，和以前大不相同，士大夫們公然形之筆墨，給男寵寫了好多首詩，描寫他們的姿色，吳國張翰有一首四言詩，題爲周小史：

翩翩周生，婉孌幼童，年十有五，如日在東，香膚朱澤，素質參紅，團轉圓順，菡萏芙蓉，爾形既淑，爾服亦鮮，輕車隨風，飛霧流煙，轉側綺靡，顧盼便娟，和顏善笑，美口善言。

竹林七賢之一的阮籍詠懷詩有一首昔日繁華子也講的是歷史上的男寵，將古比今可能是暗有所指呢：

昔日繁華子，安陵與龍陽，夭夭桃李花，灼灼有暉光，悅懌若九春，磬折似秋霜，流眄發媚姿，言笑吐芬芳，攜手等懽愛，宿昔同衾裳，願爲雙飛鳥，比翼共翱翔，丹青著明誓，永世不相忘。

後來陳徐陵編的玉臺新詠裡有李充嘲友人一首，吳均咏少年一首，梁簡文帝孌童一首，劉遵繁華應令一首，都是描寫「男色」的文獻，我們分別觀之：

「董生帷巧笑，子都信美目，百萬市一言，千金買相逐，不道參差菜，誰論窈窕淑，願君捧繡被，來就越人宿——吳均咏少年。」

這首詩是講有了美麗的男寵，再也不要談什麼「窈窕淑女」了，千金買笑願你投入我懷抱吧。

孌童嬌麗質，賤董復超瑕，羽帳晨香滿，珠簾夕漏賒，翠被含鴛色，雕牀鏤象牙，妙年同小史，姝貌比朝霞，袖裁連壁錦，箋織細橦花，攬褌輕紅出，回頭雙鬢斜，嬾眼時含笑，玉手乍攀花，懷猜非後釣，密愛似前車，足使燕姬妒，彌令鄭女嗟——梁簡文帝孌童。

可憐周小童，微笑摘蘭叢，鮮膚勝粉白，嫩臉若桃紅，挾彈雕陵下，垂釣蓮葉東，腕動飄香麝，衣輕任好風，拂幸承枕選，得奉畫堂中，金屏障翠被，藍帊覆薰籠，本欲傷輕薄，含辭羞自通，剪袖恩雖重，殘桃愛未終，蛾眉詎須嫉，新妝遞入宮——劉遵繁華應令。

這兩首都是描寫孌童之美的，寫他得到君王寵愛，同時都用周小史或周小童作比喻，大約，周小史必是魏晉以來出名的美童，只是沒有更詳細的記錄而已，至於李充嘲友人所寫的是一對同性戀者由相愛而分開的事：

同好齊歡愛，纏綿一向深，子既識我情，我亦知子心，嬿婉歷年歲，和樂如瑟琴，良辰不我俱，中闊似商參，爾隔北山陽，我分南川陰，嘉會罔克從，積思安可任，目想妍麗姿，耳存清媚音，脩晝興永念，遙夜獨悲吟，逝將尋行役，言別涕沾襟，願爾降玉趾，一顧重千金。

由這幾首詩可以看出幾點：

一、魏晉六朝以來，同性戀已然由隱秘而公開，公然寫在詩歌裡，就是最好的說明。

二、宮庭中男寵和女寵勢均力敵，有時男寵還壓倒女寵。

三、同性戀已然由宮廷和貴族之間流傳到外面，漸漸普遍。

六朝以來同性戀非常流行，甚至影響到正常婚姻關係，宋書五行志談到當時的情形：「自咸寧、太康以後男寵大興，甚於女色，士大夫莫不尙之，天下咸相仿效，或有至夫婦離絕，怨曠妒忌者。」例如石虎寵愛歌童櫻桃，先後殺了兩個妻子；王僧達迷戀同族子弟王確，同住在一起很久，後來王確的叔父王休作永嘉太守，寄信來叫他到永嘉任所，王僧達强迫王確一定要留下，王確不肯，就躲避他，他就在王確要經過的地方挖了一個大坑，準備等他經過時捉住他，把他活埋，幸而王僧虔知道這件事暗暗通知王確，才得免於此難，因爲妒嫉，竟自要殺人，「男寵」之禍也不下於女色呢。

庾信是南朝有名的作家，他寵愛蕭韶，衣食費用都是庾信供給，天天跟在身邊，有客人來，他也管捧茶斟酒，後來蕭韶作了郢州太守，庾信到郢州去看他，他的態度非常冷淡，完全不念往日之情，庾信大爲氣憤，就在許多客人面前走上蕭韶的牀，打翻了擺在席上的肴饌，嗔目直視對蕭韶說：「你今天的態度和當年大不相同了！」，說罷拂袖而去，蕭韶愧窘異常，眞是不知如何是好了。

陳文帝（陳蒨）喜歡一個以織草鞋爲生的男孩，那男孩相貌娟麗比漂亮的女人還要美，他也姓陳本名蠻子，陳文帝給他改名子高，侯景之亂時這男孩和父親雖想要回到會稽故鄉去，被陳蒨收爲侍從，白天跟在身邊，夜晚同榻而眠，陳蒨的脾氣暴躁，手下的兵卒都非常怕他，發怒時候就像怒虎一樣，只要子高對他嫣然一笑或軟語纏綿，他的怒火立即平息，有一次陳蒨對子高說：「相士說我有帝王相，我如果作了皇帝，一定立你作皇后，只是他也姓陳，同姓不婚，那該怎麼辦？」明朝人就用陳子高故事寫成一部男王后雜劇。

唐代社會風氣和六朝不同，男女之間的交際比較自由而開放，男性可以自由的選擇女友、官妓、女道士、女尼之中美麗聰明有才華的都是理想的人選，所以唐人的作品裡缺乏男色的記錄，唐代的美男子如張昌宗、張易之、沈璆等是武則天的面首，宮廷裡后妃公主多私匿「面首」，但是這些美男子並不是同性戀者，可見唐代同性戀的風氣並不普遍。

五代以後「男色」又漸流行，南北宋以後漸漸有了出賣色相服侍男人枕席的「男妓」，五代陶穀清異錄：「四方指南海爲煙月作坊，以言風俗尙淫，今京師鬻色戶將及萬計，至於男子舉體自貨，進退怡然，遂成蠭窠，又不只風月作坊也。」

宋朱彧萍洲可談：「至今京師與郡邑間，無賴男子用以圖衣食，舊未嘗正名禁止，政和（徽宗）間始立法告捕，男爲娼，杖一百，告者賞錢五十貫。」

宋周密癸未雜識：「……吳俗此風（男娼）尤甚，新門外乃其巢穴，皆數脂粉，盛裝飾，善針指，呼謂亦如婦人，比比求合，其爲首者號「師巫」「行頭」，凡官家有不男之訟，呼使驗之，敗壞風俗，莫此爲甚，未然見有舉舊條以禁之者。」

由以上三條記載看來，由五代到兩宋，「男色」已由少數宮廷貴族群裡來到民間，因此才有了男妓，才有了正式法令禁止，同時官府也利用男妓作「相驗」工作，這些都是事實，也是不可忽視的記載。

元朝國祚較短，談到元代有無男妓，男妓的情形如何很難找到記錄，但蒙古人不像漢人受過禮教的陶冶，生活比較放蕩，喇嘛教的歡喜佛也反映出蒙古人嗜殺與淫的本性，所以元代「男妓」不可能絕跡，只是書裡缺乏記錄而已。

明中晚葉以來，社會上充滿了頹廢荒唐的世紀末風氣，那時候的士大夫們就走上兩條路，一條路是自命風雅，唾棄俗務，講求閒適，品茶賞花，收拾屋子，裝點園林成了他們的日課，就促成公安竟陵派文學；另一條路則追求現實的享受，狎妓寵歌童，甚至大談採捕房中之術，因此晚明黃色小說數量特多，金瓶梅乃是當時的代表作，並不是明代只有金瓶梅這一部黃色小說而已。

明中晚葉官宦和富商大賈都沉迷於聲色，娼妓充斥於都市，男妓也充斥於都市，男妓和女妓平分秋色，由於男色的盛行才引起學者的注意，分析盛行的原因，記錄同性戀的情況，並不像衛道者只是漫罵斥責而已，謝肇淛五雜俎卷八有很詳細的分析：

「男色之興自伊訓有比頑童之戒則知上古已然矣，安陵龍陽見於傳册，佞幸之篇史不絕書。」

「……宋人道學此風似少衰止，今復稍雄張矣，大率東南人較西北爲甚也。」

「今天下言男色者動以閩、廣爲口實，然從吳越至燕、雲未有不知此好者也……今京師有小唱專供搢紳酒席，蓋官妓既禁，不得不用之耳，其初皆浙之寧紹人近日則半屬臨清矣，故有南北小唱之分……外之仕者設有門子以侍左右，亦所以代便辟也，而官多惑之，往往形之白簡，至於媚麗儇巧則西北非東南敵矣。」

由這段可知明代男色盛行於福建廣東，其實南北各省都有人愛好此道，只是這兩省比較出名而已，唐宋有官妓承應公私宴會，明宣德以後取消官妓，小唱因此而大行，小唱多半是浙江紹興、寧波一帶的人，後來山東臨清也有了，於是有南北之分，外任官多有年青貌美的門子跟隨到任所，在身邊服侍，有的門子藉此說事過錢，替官收受賄賂，甚至被言官彈劾，名列奏章也不稀奇，若論姿色、聰明還是南方人勝過西北。

他又分析男色盛行的原因：

「衣冠格於文罔，龍陽之禁寬於狹邪；士庶困於阿堵，斷袖之費殺於纏頭；河東之吼

每末減於敝軒，桑中之過亦難諧於倚玉，此男寵之所以日盛也。」——五雜俎卷八

謝氏講男色盛行的原因有三：一、官吏挾妓的處分大（淸代沿明制，挾妓飲酒革職處分），狎比歌童處分小。二、嫖妓女的花費大，一般人都不敢嘗試，找「契弟」男寵花費小。三、丈夫有了外遇，妻子凶悍的醋海生波，吵鬧起來叫男人受不了，對男寵的妒嫉就比較輕些；再者從前女人輕易不出家門，即便看上一個女孩子也不易追到手，找漂亮的男孩就容易多了。

沈德符的野獲編卷二十四男色之靡條也談到男色盛行的原因，他認爲男色盛行是由於不得已：

「按院之身辭閨閣，闍黎之律禁姦通，塾師之客羈館舍皆是託物比興，見景生情，理勢所不免，又罪囚久縶狴犴，稍給朝夕者必求一人作偶，亦有同類爲之講好，送入監房與偕臥起。……又西北戍卒貧無夜合之貲，每於隊伍中自相配合……」。

他這段話是說：一、都察御史到各地巡視，不能帶家眷；二、出家的和尚道士不能娶妻，又不能禁慾；三、教書的塾師和幕客下榻主人家，都沒有帶家眷的。四、獄中長期監禁的囚犯家境比較好的必然找一個同性的伴侶和他住在一起。五、西北邊防的守軍，兵士長期不能回家，也會在軍營裡找個配偶。這五個理由正好替謝肇淛作了補充。

「……至於習尚成俗，如京中小唱，閩中契弟之外，則得志士人致孌童爲廝役，鍾情年少狎麗豎若友昆，盛於江南而漸染於中原，至今金陵坊曲有時名者競以此道博游婿

愛寵……」

由沈德符的記述知道明中晚葉男色盛行，有出賣色笑如同娼妓的「小唱」，有貼身服侍夜共枕席的「門子」，最初是在江南漸漸傳入中原，甚至娼妓爲了博得嫖客的歡心，竟自以後庭花應客，這也是男色盛行的影響。

「小唱」是出賣色笑的，他和嫖客談不到什麼感情，「門子」和主人的情形也差不多，唯有閩中契弟是例外：

「閩人酷重男色，無論貴賤妍媸，各以其類相結，長者爲契兄，少者爲契弟，其兄入弟家，弟之父母撫愛之如婿，弟後日生計及娶妻諸費俱取辦於契兄，其相愛者年過三十，尚寢處如伉儷，至有他淫而訐者名曰要姦，要字不見韻書，蓋閩人所自撰，其昵厚不得遂意者或至相抱繫溺波中，亦時時有之，此不過年貌相若者耳；近乃有稱契兒者則壯夫好淫，輒以多貲取姿貌韶武者與講衾裯之好，以父自居，列諸少年於子舍，最爲逆亂之尤，聞其事肇於海寇云大海中禁婦人在師中，有之輒遭覆溺，故以男寵代之。」——沈德符敝帚軒剩語下。

若用嚴格的標準來講同性戀，應該是以感情爲基礎的，完全出於兩心相悅，即或互相有什麼餽贈，並不是色情交易，合於這個條件的只有閩中契兄弟，沈氏講福建人喜好同性戀，各階層人士都有，一對同性的戀人年長的是契兄，年幼的契弟，契兄到契弟家，契家的父母愛護他，就像疼愛女婿一樣，契兄要負責契弟日後的生計和成家娶妻的費用，可見明中晚葉在福建同性戀已然得到社會承認，而且有了不成文的規定——契弟的父母承認他們倆的關係並沒有禁止反對，契兄要負責契弟的生計，還有一對同性戀者如果不能達到願望，也會像異性戀人一樣殉情而死，同性戀者在一起生活，時間是不會太久，年過三十還在一起已是很少見的了。另外海船上的年長的船員水手喜歡收年青漂亮的乾兒子，跟他住在一起，是因爲海船上禁止帶女人，據說船上有女人冒犯海神就會沉船，才用男寵代替的。

沈德符書裡只談到明代同性戀一般情形，並又有深入的描寫，黃色小說金瓶梅寫男色也和寫女色一樣繪聲繪影，純是色情肉慾，最明顯的就是西門慶和書童，陳經濟出家作道士在廟裡和師兄金志明的事，只能說是男色，實在不配算是同性戀。只有明末馮夢龍評點的石點頭（作者天然痴叟）卷十四潘文子契合鴛鴦塚，這是一篇描寫同性戀的代表作，書中主角潘文子是一個貌美如花，守身如玉的書生，他的美貌不知道有多少人爲他著迷，引誘他調戲他，都被他嚴詞拒絕，後來他外出遊學，在龍丘先生學館裡遇到了大他一歲的王仲任，王仲任一見傾心，就和他成爲知己，可是始終沒機會對文子吐露愛意，後來仲任假意對他說要回家完婚（他倆都已定婚）和他飲酒話別，並對天八拜結爲兄弟，當晚同牀而眠，仲任才對他吐露自己對他的愛意，文子終於被他言詞打動，就投入他的懷抱，從此兩人同出同進，形影不離，好像一對恩愛夫妻一樣，日久風聲洩露，受盡旁人嘲譏，又被龍丘先生趕出學館，他們倆也不想回家鄉，就賣掉衣服和馬匹作爲路費，各寫了一封信打發書童回去，請父母替他們退婚，他們要訪道求仙不回塵世，然後到羅浮山中造了三間草屋隱居起來，兩家父母和兩位未婚妻同來尋訪，找到他們倆時，他們倆已殉情而死，遺囑只求把他們合葬，兩位未婚妻貞烈成性雙雙殉節，也葬在他倆墳傍，墳上生的是合抱連理樹，兩位烈女墳上各用一棵孤松。這篇小說文筆雅潔，沒有一點色情描寫，就是寫他倆定情之夕也寫得很含蓄，不像金瓶梅那樣赤裸裸的，不堪入目。

由明到清，男色一直流行，因爲清代也和明代一樣，官吏嚴禁狎妓，尤其是京都首善之區，禁令更嚴，官吏們只有去玩「相公」了，因此北京城裡的男妓院生意特別發達，不論設備或相公的水準都很高，才能供應達官貴人的需求；相對的北京城裡的妓女也就沒有出色的，都是庸俗脂粉，只能接待一些中下級的商賈市民了。首都以外男妓比較少，江南佳麗之地素多美女，所以南京秦淮河，揚州「瘦馬」都很有名，官吏出了京，偶然逢場作戲，也不會出大問題（除非有人故意找麻煩），因此南妓的水準高，南方也沒有正式男妓院出現。

有清一代男寵仍然和明代一樣有三種形式：一、優伶——他們上台演戲，下台就是男妓，陪酒出條子成爲他們的營業。二、僕役、門子——官吏外放，路途遙遠，交通不便，多半不帶家眷，找個伶俐可人的小佣人跟在身邊，早晚服侍藉此解除寂寞。作幕客的，教讀的住在主人衙門裡家裡也是不可以帶太太的，於是狎比孌童的風氣極爲盛行。三、契兄弟和乾兒義子——兵營裡、寺廟裡、監獄裡都非常流行，因此才有了「認乾親沒好心」這句俗語，當然南方（閩廣）契兄弟制度仍然存在。

不過清代「男色」和明代仍然稍有不同：

一、純以寫男色爲主題的作品出現：最出名的就是陳森的品花寶鑑，六十回，陳森字少逸，江蘇常州人，道光年間旅居北京涉足花叢。於是把他所聞寫成這部品花寶鑑，書中主角是梅子玉和杜琴言是虛構人物，其他的人物差不多都實有其人實有其事，喜歡考證的人就大作文章，說書中某人影射的是誰，某人又影射的是誰，其實大可不必，若用歷史眼光來看這部書，它正忠實地記錄下清代「相公堂子」的情況，作爲研究清代男妓的材料就好了，何必浪費時間去節外生枝？其中有些部分也像金瓶梅一樣有很黃色的描寫被列爲禁書。（清人稱男妓爲「相公」，有人說即「像姑」之意。）同時還有仿效余懷板橋雜記的筆調寫北京「相公」生活的作品出現，最出名的有金臺殘淚記，燕臺花事錄、燕蘭小譜，京塵雜錄都是寫「相公」生活以及作者和「相公」交往的事情，用的是描寫女人的文辭來描寫「相公」們，可見作者目中根本就把他們當作女人看待了。此外許多文人的詩中也有好多贈優伶的作品，甚至如李慈銘、越縵堂日記，其中不少連篇累牘都記的是和某郎某郎來往的細節，可見清代士大夫公然狎優伶毫不避諱。

二、「相公」堂子設備完善，組織完善，也有許多規定和妓院一樣，普通是一個老伶買來幾個貧寒人家的小男孩，一方面教他們學戲，一方面教他們陪酒猜掌和種種應酬工夫就和老鴇教雛妓一樣，長到十三四歲就要開始作生意，出條子陪酒、陪宿，等到學戲期滿，有嫖客出錢替他贖身，就可以離開師父自立門戶，老伶帶著徒弟們聚居的地方叫作「大下處」，出師之後另立門戶叫作「下處」，下處的房屋都很寬敞雅潔，屋子裡的裝修陳設更是精緻華麗，架上擺的是古董玉器，牆上挂的是名人字畫和名人贈給「相公」的詩牋，普通到下處遊玩叫作「打茶圍」，在下處也可以招待小酌，叫作「喝酒」，在下處也可以擺筵席請客，下處廚子技術高是京城裡出名的，嫖客俗名叫「老斗」，這名詞的由來現已不可考，清代在京的士大夫們公餘之暇就和優伶廝混，優伶經他們品題也聲價立增，成了所謂「紅相公」，成了「紅相公」就名利雙收，大發財源，作一個「紅相公」也不簡單，第一要年青貌美，第二、聰明伶俐有高明的交際手腕，第三、除了唱，琴棋書畫都要有相當的造詣，才能得到士大夫們的欣賞，看金臺殘淚記之類的書裡常講「某郎書學靈飛經，娟秀和美女簪花」又說「某郎捉筆畫蘭，筆致瀟灑有逸氣」，就是最好的證明。

三、士大夫捧優伶的方式，通常是贈送嵌著伶人名字的對聯、或贈詩，有時候也開「花榜」，把京裡的優伶按照色藝才情分出等第，選出花榜狀元，當選花榜狀元的相公必然紅極一時；嫖妓要花錢，嫖男妓當然也要花錢，替相公贖身，替相公娶妻，甚至替他買房子置產也不稀奇，到相公堂子裡擺酒給相公捧場乃是常事。

由清初到清末兩三百年間士大夫們和優伶之間曾經留下許多令人傳述不衰的故事，也和其他戀愛故事一樣有的痴情有的薄倖，只是女主角是妙年的孌童而已。各家筆記裡這一類的材料隨便翻翻就可以找到，比如畢沅（秋帆）沒得中時景況不好，他所喜愛的李桂官就時常資助他，直到他考中狀元爲止，桂官是他的紅顏知己，他中了狀元，桂官也被人呼作「狀元夫人」了。庚子之亂，立山反對義和團，被慈禧判處死刑，典刑之後親友都不敢出來替他料理後事，只有他生前所喜愛的花旦楊小朵出來收屍，買棺材裝殮他，爲他辦理後事，因此楊小朵任俠好義之名流傳全國，誰能說戲子都是無情無義的呢？（俗語說婊子無情戲子無義）

青春美貌是不會久長的，男女都是一樣，唱戲的男孩八九歲被師父買來，十三四歲開始出來陪酒賣笑，到二十歲已然是美人遲暮了，二十歲以後就純靠自己唱戲的眞本領生活，不再出賣色笑，清末名旦田際雲首先倡導廢除「相公堂子」不再出條子陪酒，從此男妓廢除，伶人自愛自重，除了少數旦角和捧場大老仍不免有特殊關係，大多數人都純以演戲爲業，社會人士也漸漸對他們不再輕視了。

民國以來社會風氣漸漸開放，男女交際公開，同性戀漸漸消失，北洋軍閥曹焜所寵愛的孌童李彥青就成了歷史上男色最後一人。

「酉陽雜俎」裡所存醫藥史料

段成式在他的著作「酉陽雜俎」前集卷七有「醫」一項，專記和醫有關的故事，可惜篇幅太少，所記不過四五事；但從全書三十卷裡仔細搜尋，就可發現這部書中的確有許多醫藥史料。

若就這些史料本身性質來分，可以分爲下列幾項：

一、名醫故事
二、怪病故事
三、巫術與醫
四、外來的醫藥
五、藥物的禁忌和迷信

今分別介紹之。

名醫故事

段書前集卷七，第一段講的是古名醫扁鵲塚：

盧城之東有扁鵲冢，云魏時鍼藥之士，以巵腊禱之，所謂盧醫也。——「史記正義」謂盧城在濟州，即今山東茌平縣西南。

又續集卷四「太和末因弟生日觀雜戲」條談「扁鵲」「扁」字讀法及「扁鵲」之姓氏及籍貫。

孫思邈爲唐初名醫，但段氏并沒有詳記他的醫術，前集卷二「玉格篇」有孫思邈故事二則，一爲孫救昆明池龍王，因而得到龍宮仙方故事，另一爲唐玄宗夢孫思邈索武都雄黃事，蓋唐人心目中認爲孫思邈乃道術之士，與張果、葉法善相似，并沒有把他當作名醫看待，多記錄他的醫術，眞是憾事。

又書中另外有名醫故事三件：前集卷七所載荆人道士王彥伯天性善醫，可由脈斷人生死壽夭，并記他治好裴胄之子誤吃無腮鯉中毒事。另一故事爲柳芳之子柳登病重，名醫張萬福一見柳登，就說：「有此頂骨，不必擔憂」，又爲他診脈五息，然後對柳芳說：「他很長壽，一定超過八十」，留下一方子說：「吃不吃，都不要緊。」後來柳登果然活到九十歲，由脈斷人壽夭窮通，宋人稱爲「太素脈」，當時人非常相信，可見「太素脈」之說并不始於宋，可能唐代已然有人研究了。

前集卷八有蜀醫昝殷言：「藏氣陰多則數夢，陽壯則夢少。」按宋晁公武「郡齋讀書志」卷三下「醫家類著錄」有『產寶』三卷，右僞蜀昝殷撰，輯產乳備驗方藥三百七十八首。

」（「宋史藝文志」同）

由此知咎殷爲唐末五代間人，或與段成式相識，但在前集卷五有衡山村人爲毒蛇所噬，須臾而死，請咎老救治故事，就充滿了神奇，不像醫生治病，簡直就是道士作法光景：

長壽寺僧𧮪，言他時在衡山，村人爲毒蛇所噬，須臾而死，髮解，腫起尺餘，其子曰：「咎老若在，何慮。」遂迎咎至，乃以灰圍其屍，開四門，先曰：「若從足入，則不救矣。」遂踏步握固，久而蛇不至，咎大怒，乃取飯數升，擣蛇形詛之，忽蠕動出門，有頃飯蛇引一蛇從死者頭入，徑吸其瘡，屍漸低，蛇皰縮而死，村人乃活。

「咎」爲稀姓，這段故事只稱「咎老」，沒有寫出他的名字，是否就是咎殷，不能武斷，所可注意的不是人的問題，而是他醫治的方法，不是療傷敷藥，完全用的是法術，他「踏步握固」，又擣飯爲蛇，咒詛之後飯蛇引眞蛇來吸毒，終於救活，這故事告訴我們古代醫和巫的關聯，於此就可了解孫思邈「千金翼方」有一部分專講禁治符咒之術也就不足爲奇了。

怪病故事

前人認爲「病」多是由於鬼神作祟所致，因此有許多奇怪的病，當時人無法加以說明、解釋，就被人附會成不可思議的奇聞，段書裡所收怪病故事計有以下三則。

前集卷一有永貞年東市富人王布女兒鼻生息肉，下垂如皀筴子，觸之痛入心髓，她父親花了好多錢找醫生也沒治好這個怪病，後來有一個胡僧走到王家門前乞食，就問王布說：「

聽說您的女兒生了怪病，可否叫我見見她，也許我可以替她解除痛苦呢。」王布聽到這話喜出望外，就把女兒叫出，請胡僧看，胡僧從身邊取出一包白色粉末，用一枝葦管把藥粉吹到她的鼻孔裡，過了一會兒，伸手就把那兩個下垂的息肉摘掉，那少女毫無痛苦，只是從鼻孔裡流出少量黃水而已，多年的重病一旦消除，一家人都非常高興，王布取出百兩黃金送給胡僧作為酬勞，他說：「出家人不該接受厚贈，只要把摘下的息肉送給我就好了。」過了一會兒，他把息肉仔細包好，放在懷裡，向主人告辭大步如飛而去。胡僧走了不久，一個俊美的白衣少年騎著快馬匆匆來到王家門前，就問道：「是不是有個胡僧剛剛來過？」王布覺得奇怪，就把胡僧來替女兒治病的經過對那少年講了一遍，他一臉悔恨，嘆息不止的說：「我的馬腿受了傷，跑得比較慢，竟自晚了一步，被胡僧得到了！」王布大為詫異，就問是怎麼的一回事，他說：「天下走失樂神二位，最近才知道他們藏在令愛的鼻子裡，我奉命來帶他們回去，不料竟被胡僧搶先取走，看來我一定要受處分了。」王布聽到天使下降，連忙下拜，等到他抬頭一看，那白衣少年早已不見了。

這個故事和「太平廣記」卷二百二十刁俊朝之妻頸部生癭的故事是同一類型，她的癭最初只有雞蛋大，漸漸越長越大，四、五年後竟自大得像可以容納幾斛的鼎一樣，仔細聽就可聽到癭裡有音樂彈奏，後來她痛苦不堪，就請求她丈夫替她割掉，她丈夫無奈，只好手執利刃，對著她頸上的巨癭正要刺，突然那癭裂開，從裡面跳出一隻老猿，一轉眼跳到屋頂上就不見了。她久病身體本來就弱，經此一嚇，人立即昏迷不醒，奄奄一息，眼看就活不成了，誰知次日有個道士叩門求見，他對刁俊朝說：「我就是昨天從癭中走出的老猿，我因和蛟精勾結，被天神捉拿，因此才藏在尊夫人頸子裡，本來和她無干，卻連累了她，眞是抱歉，現在我取來鳳凰山神的藥膏，請給她塗上，就可痊癒。」刁俊朝照他指示塗上藥膏，創口立即愈合，就留那道士飲酒用飯，那道士喝了酒，曼聲長嘯有如鳳鳴鸞囀，不久他長揖而去。按刁俊朝妻故事出自李復言續玄怪錄，故事最後有一句話是「時大定中也」，「酉陽雜俎」王布女故事開頭就說「永貞年」，這兩個故事都寫出年號，用意在表示其眞實性，今天看來這只能表這傳說的流行時間而已（按唐代年號無「大定」，似是「大足」或「大中」之誤）。

另一怪病故事見段書前集卷十五，有人面瘡怕貝母故事。許卑山人講數十年前江左有個商人，他的左膊上生了個「人面瘡」，有眉有眼有嘴眞的像人的臉，奇怪的是那張嘴也能夠飲酒吃肉，吃飽了就漲起來，好久不吃，他的手臂就麻痺，醫者叫他試用金石草木各類的藥灌到它的嘴裡都沒效果，後來試到貝母，那瘡就皺眉閉嘴不肯接受，商人非常高興說：「一定是它怕貝母。」於是用葦管把貝母强灌下去，過了幾天結了痂，瘡就好了。

還有一個「應病」故事見於續集卷四，記名醫張上客藝過十全，有個名叫果毅的病人因爲久病虛弱，每次講話，肚子裡也立即發出聲音，他請張上客診治，上客說：「這個病古書上都沒有記載，眞不知道該用什麼藥。」想了好久，他說：「有了。」於是叫病人讀「本草」，讀到一個藥名，肚子裡不應聲的，就記下來，讀完「本草」，共計有六七個藥名，肚子裡都沒有應聲，就把這六七種藥合起來，叫病人服下，怪病立即痊癒。段書續集卷四貶誤全部都是辯論傳說之誤，這條讀「本草」治應病故事也見於劉餗「傳記」一書，劉氏所記是醫官蘇澄的故事。

明李時珍「本草綱目」卷三十七「雷丸」條引、陳正敏「遯齋閒覽」云：楊勔得應病，後有道士教他讀「本草」，讀到雷丸，肚子裡不出聲了，於是服雷丸，打下許多條蟲，他的病就好了。

這三個怪病故事今天看起來眞是荒誕不可思議，只能姑妄之，姑妄聽之，知道古人有此傳說而已。

巫術與醫

段書前集卷五怪術項內有四段醫療故事非常神奇，性質近於巫術，作者將之列入怪術項內，可謂恰當：

甲、元和末鹽城腳力張儼送公文，走到宋州，遇到一個人和他結伴同行，那個人對張儼說：「我替你料理一下，可以走得更快。」就在地上挖了兩個小坑，深約五六寸，叫張背面站立將兩腳垂在坑邊，用針刺他的兩腳，他也不覺得痛，那人又從張的膝蓋起輕輕的向下按摩，只見黑血流下來，張儼立即覺得舉止輕快，走起路來，一點兒也不覺得累了，於是兩人結伴同行，才到中午就到了汴梁。那人又約一同到陝州，說晚間到那裡歇宿。他說：「我的腳力不行。」那人說：「我可以替你把膝蓋骨卸下來，毫無痛苦，一天就可以走八百里。」聽到這話，他心裡懼怕起來，極力推辭，那人也不勉強，對他說：「我有事，一定要在黃昏之前趕到陝州。」然後揮揮手，大步如飛，轉眼就不見了。

看這故事是在「水滸傳」神行太保戴宗之前，也可以稱爲「神行術」故事，只是施術之法和戴宗不同。

乙、荆州有個善治骨折傷殘的張七政，有個軍人小腿受了傷，求他治療，張七政先叫那受傷的軍人喝下他配製的藥酒，然後割開他的腿部肌肉，取出一片有二指大的碎骨來，再用藥膏塗上去，封好傷口，過了幾天，他的腿傷痊癒，行走如常人一樣，沒有什麼不方便或不舒服。可是兩年之後，他的腿忽然又痛起來，痛得他無法忍受，只好再去找張七政。張七政看了看，就對他說：「是那片取出的碎骨受了寒，你我到那片碎骨用熱水洗洗，再把它放在棉絮裡，就不會痛了」。那軍人回到家裡，在牀下找到那片碎骨，如法洗好，把它包起來，說也奇怪，腿痛就立即停止了。

丙、海州司馬韋數曾到嘉興去，路上遇到一位和尚法名希遁，他深通養生之術，又能用日辰代替藥石治病，看到韋數用鑷拔白髮，他說：「等我替你擇日再拔。」五、六天之後，希遁替他拔去一半，等到新頭髮生出來，果然全變成黑的了，韋數一共拔了三次，他的鬢髮烏黑一直沒有再變白；後來韋數的朋友們都請希遁替他們拔白，時辰偶有差誤，新生的鬚髮竟然黑中帶綠，眞是奇怪。按拔白生黑之術在唐王燾「外臺秘要」卷三十二有「延年拔白髮良日」，爲「正月四日、二月八日、三月十二、十三日兩日並得、四月十六日、五月二十日、六月二十四日、七月二十八日、八月十九日、九月十五日、十月十日，十一月十日、十二月十日，右並以日正午時拔，當日不得飲酒食肉，五辛，經一拔後，黑者更不變。」至於用日辰代替藥石之法，段書沒有詳細說明，孫思邈「千金翼方」卷二十八有「推歲天醫法」、「推月天醫法」、「天醫避病法」等，「千金翼方」講「天醫日宜尋醫，呼師，取藥吉。」幷沒有日辰代替藥石之說。按「晉書・天文志」，卷舌六星，其一爲天讒，主巫醫。孫氏以日辰推天醫所在，大約據此。「月令廣義」云：「八月朔，古人以此日爲天醫節，祭黃帝岐伯。」丁、前集卷十一有炙影子治病傳說，段書記寶曆間，有王山人選人本命日，五更張燈，相人影，知休咎，他說人的影子要深，深則貴而壽，人不可常照水，照井及浴盆中，古人避影亦爲此，最近有人善於炙人影治病者。這段詳述影子的禁忌，最新奇的莫過於炙人影治病這種醫術了。

外來的醫藥

唐代對外交通頻繁，外來文化大量輸入，因此外來的醫術和藥物就在中國境內流行開來，尤其是印度醫術隨著佛教早在南北朝時代就已經來到中國，「隋書・經籍志」醫家類就著錄了印度醫書十多種，雖然久已散佚，可是對中國醫學的影響卻很深遠，自是不在話下。段書裡關於外來醫術記錄只有兩條，一爲前集卷七：「魏時有句驪客善用針，取寸髮斬爲十餘段，以針貫取之，言髮中虛也……。」這段記載可惜太簡略，沒有講他治病的實例，只有「髮中虛」這三個字有價值，說明當時已知道頭髮是管狀的。

另一條是王玄策從印度俘擄回來印度術士那羅邇婆自稱壽二百歲，唐太宗命他造延年藥事，這人本是術士，不是醫師，又他所說的兩種婆羅門國藥（一畔茶佉水，一咀賴羅）都有神物守護，不易取得，更是荒誕不可信，根本不值得注意。倒是段書裡有許多藥物資料，該加以整理，今表列如下：註：效用如據李時珍「本草綱目」補之，以（　）爲別。

品名	產地	效用
龍腦香	婆利國、波斯國	治難產，心腹邪氣，明目，治三蟲五痔。
安息香	波斯	通神明，辟眾惡。
無石子（沒食子）	波斯（波斯各摩賊）	（赤白痢，生肌肉，烏髭髮。）
阿魏	北天竺、波斯	（殺諸蟲，破癥積。）

槃砮穡	波斯、拂林	壓油塗身去風痒。
胡椒	摩伽陀國	（下氣溫中，去痰。）
白豆蔻	伽古羅	（止吐逆反胃，消穀下氣。）
蓽撥	摩伽陀國	（溫中下氣消食去腥氣。）
波斯皂莢	波斯	子可食，亦入藥用。
阿勃參	拂林國	樹汁塗疥癬，無不瘥者。
野悉蜜	拂林、波斯	壓花爲香油。

醫藥的禁忌和迷信

段書前集卷十一廣知篇內容極爲駁雜，有傳統禁忌，有道教神名和戒律，還有各體書的名字、日用常識等，其中和醫藥有關資料可以分爲兩類：一、食忌，二、有藥物效用的器物。

一、食忌：某種動物形態怪異，某種植物畸形，都不可以吃，此爲第一類食忌；某月或某季不可以吃某種食物，此爲第二種食忌；孕婦，病人或醉人，幼兒等不可以吃某種食物，此爲第三種食忌。今分別列表於後：

第一類食忌

瓜兩鼻兩蒂，食之殺人。
簷下滴菜有毒，堇黃花及赤芥殺人。
魚有睫及目合，腹中自連珠及二目不同、連鱗、白鬐，腹下丹字並殺人。
鼈目白，腹下「五」字、「卜」字者，不可食。
蟹腹下有毛，殺人。
獸歧尾，鹿斑如豹、羊心有竅，悉害人。
犬懸蹄肉有毒。
白馬鞍下肉食之，傷人五臟。
鳥自死，目不閉，鴨目白，鳥四距，卵有八字，並殺人。

第二類食忌

三月不可食陳菹。
馬夜眼，五月以後食之殺人。
十月食霜菜，令人面無光。

第三類食忌

婦人有娠食乾薑，令胎內消。

二、自「淮南萬畢術」，「物類相感志」到李時珍「本草綱目」，方以智「物理小識」

，中間已然經過了一千多年，博學窮理如李時珍、方以智兩大儒仍然不能擺脫傳統的迷信和術數的影響，他們兩人的書裡都有這類材料，那麼比他們早了好多年的段成式當然更會接受那些古老的傳說了。現在把段書中所記有藥物效用的器物，分別列於後：

甲、莎衣結治蠷螋瘡：「本草綱目」卷三十八「故蓑衣」條：「主治蠷螋溺瘡，取敝蓑衣結燒灰，油和傅之（藏器）。」——此方出陳藏器「本草拾遺」，蠷螋即各種之蚰蜒。

乙、井口邊草主小兒夜啼，著母臥薦下，勿令知之：「本草綱目」卷二十一「井口邊草」條：「藏器曰：小兒夜啼，私著薦下，勿令母知。」

丙、船底苔療天行：李時珍「本草綱目」卷二十一船底苔條：「甘冷無毒，解天行熱病、伏熱、頭目不清、神志昏塞及諸大毒：以五兩和酥餅末一兩半，麵糊丸梧子大，每溫酒下，五十丸。」李氏的解釋爲：「水之精氣漬船板水中，累見風日，久則變爲青色，蓋因太陽晒之中感陰陽之氣，故服之能分陰陽，去邪熱，調臟腑，物之氣味所宜也。」

丁、寡婦藁薦草節去小兒霍亂：「本草綱目」卷三十八蒲席條：「寡婦薦治小兒吐利霍亂，取二七莖煮汁服。」又：「編薦索燒研，酒服二指撮，治霍亂轉筋入腹。」——這兩條出陳藏器「本草拾遺」。

戊、自縊死繩主顛狂：「本草綱目」卷三十八「自經死繩」條：「主治卒發狂顛，燒末，水服三指撮，陳蒲煮汁服，亦佳。」——出陳藏器「本草拾遺」。

己、孝子衿灰敷面皯：「本草綱目」卷三十八孝子衫條「主治面皯，燒灰傅之。」——出陳藏器「本草拾遺」。（皯亦作䵟）

庚、東家雞棲木作灰，治失音：「本草綱目」卷三十七希遁「東家雞棲木」條：「主治：無毒，主失音不語燒灰，水服盡一升效。」——出「本草拾遺」。

辛、前集卷十六「百勞條」：「百勞，博勞也，相傳伯奇所化，取其所踏枝鞭小兒，能令速語；南人繼母有娠乳兒，兒病如瘧，唯鵙毛治之。」這段話失之簡略，據「本草綱目」卷四十九伯勞條有：「毛氣味平，有毒，主治小兒繼病。繼病者，母有娠乳兒，兒即病；如瘧痢，他日相繼腹大，或瘥或發；他人有娠，相近亦能相繼也，北人未識此病。又伯勞所踏枝主治小兒語遲，鞭之即速語。」按李氏所謂繼病北人不識之說不確，此方習俗小兒未斷奶，母親又懷孕，就要立即替他斷奶，否則吃了「接奶」或「隔奶」就會生病。

段書中所列七種可以治病的東西，只講出它們的效用，並沒有講出它們爲什麼能治病的理由，李時珍除了爲「船底苔」作了詳細的解釋，其他的「本草綱目」也繼承前人之說，不加闡釋，大約這些都是巫醫厭勝的法物，根本不是藥物，古人說：「醫者意也」，有許多藥物和療法都是由想像和聯想產生的。

丙、人文

顏氏家訓所保存之社會史料

愚自束髮受書，便好乙部之學，嘗怪史籍中除相斫書，斷爛朝報而外，殊少談及禮俗變遷民生疾苦諸事者，唯太史公卓識爲貨殖龜筴作傳，使吾人略可窺見漢人經濟情況，藉知古代迷信，斯乃分類史之先河，馬遷之創作也，章實齋謂六經皆史，梁任公謂搜求史料當收原始材料，不宜只注意史官粉飾後者，先賢名言洵足使人知取捨之方也。

民廿三年讀行唐尙節之（秉和）年伯之歷代社會狀況史欣然好之。時陶希聖先生執教北大，主編食貨雜誌，專門研究中國經濟史社會史，執筆者多爲一時史學界權威，所刊載論文精湛深入，余因之頗獲啓迪，自茲而後乃決心致力研究社會風俗史，課餘之暇，即從事搜羅，正史而外遍及子部稗官，吾師新會陳援庵先生嘗言南北朝時黃河流域久經戰亂，文敎不興，述作絕少，唯顏氏家訓水經注，洛陽伽藍記，齊民要術四書照熠千古，於是以次研讀，涉獵既久，略有所得，始知顏氏學博才贍，讀顏氏家訓如入寶山，隨手掇拾皆爲珍瑰，讀兄弟篇勉學篇固可以齊家敎子，讀書證篇音辭篇亦可增益新知，且片言短語多存前代風俗，早欲採擷編輯，藉以研究古俗，恨當時年小，未敢貿然從事也。

民卅八年再經播遷，倉卒來臺，藏書喪失殆盡，蟄居東臺，如處荒漠，重以人事鞅掌，三餘少暇，雖有志勉學，惜求書不易，志又未果，四十六年春余來台北，方有機會再研讀生平所欲讀書，亦可謂幸矣！

於是據抱經堂盧氏校補顏氏家訓，抄撮書中社會史料風俗史料分爲四類，略加詮釋補證，惜余腹笥不廣，孤陋寡聞，錯落誤謬，乃在意中，唯願先進君子不吝教誨，匡其不逮耳。

一、南北風氣之不同

三國以來南北習尙即有不同，彼此成見深，北人固輕視南人，南人對北人亦未心許，北人謂茗飲爲水厄，南人亦苦傖酪，永嘉之亂以後，中原板蕩南北暌隔，渡江諸人漸習吳俗，中原孑遺亦染胡風，於是南北之差別益大矣，顏氏一再播遷，故書中屢言其不同：卷一、治家第五：

「……北土風俗率能躬儉節用，以贍衣食，江南奢侈多不逮焉」。

南間貧素皆事外飾，車乘衣服必貴齊整，家人妻子不免飢寒「梁朝全盛之時貴遊子弟多無學術，至於諺云上車不落則著作，體中何如則秘書，無不燻衣剃面傅紛施朱駕長簷車跟高齒屐，坐棊子方褥，憑斑絲隱囊，列器玩於左右，從容出入，望若神仙」卷三勉學第八

據此則知南人習奢華重外表，不自今日始，由於南北生活之不同，以致引起相輕互嘲之

事不少：

洛陽伽藍記卷二

「孝義里東即洛陽小寺，北有車騎將軍張景仁宅，景仁會稽山陰人也，正光年初從蕭保夤歸化，拜羽林監，賜宅城南歸正里，民間號爲吳人坊，南來投化者多居其內，近伊洛二水，任其習御，里三千餘家，自立巷寺市，所賣口味多是水族，時人謂爲魚鱉寺也，景仁住此以爲恥，遂徙居孝義里焉，時朝廷方欲招懷荒服，待吳兒甚厚，褰裳渡江者皆居不次之位。」

「……元愼即口含水噀慶之曰：吳人之鬼，住居建康，小作冠帽，短製衣裳，自呼阿儂，語則阿旁，菰稗爲飯，茗飲作漿，呷啜蓴羹，唼嗍蟹黃，手把豆蔻，口嚼檳榔，乍至中土，思憶本鄉，急乎速去，還爾丹陽，若其寒門之鬼，口頭猶修，網魚漉鱉，在河之洲，咀嚼菱藕，捃拾雞頭，蛙羹蚌臛，以爲膳羞，布袍芒履，倒騎水牛，沅湘江漢，鼓櫂遨遊，隨波溯浪，噞喁沉浮，白苧起舞，揚波發謳，急乎速去，還爾揚州」

「……尋北海伏誅，其慶之還奔蕭衍，用爲司州刺史，欽重北人特異於常，朱異怪復問之曰：自晉宋以來號洛陽爲荒土，此中謂長江以北盡是夷狄，昨至洛陽始知衣冠士族站在中原，禮儀富盛，人物殷阜，目所不識，口不能傳……北人安可不重，慶之因此羽儀服式悉如魏法，江表士庶競相模楷，褒衣博帶被及秣陵」

世說：「陸太尉詣王丞相，公食之以酪，陸還遂病，明日有牋與王曰食酪過，通夜委頓，民雖爲吳人，幾爲傖鬼」世説：晉司徒長史王濛好飲茶，人至輒命飲之，士大夫皆患之，每欲往候，必云今日有水厄」：

據此略可看出南北習俗不同，以及互相影響，互相模仿情形，不但一般南北社會情形不同，即南北婦女生活亦不同：

卷一治家第五

「……南間貧素皆事外飾，車乘衣服必貴齊整，家人妻子不免飢寒，河北人事多由內政，綺羅金翠不可廢闕羸馬顇奴僅充而已，倡和之禮或爾汝之」

「河北婦人織紝組紃之事，黻黼錦繡羅綺之工優於江東也」「江東婦女略無交遊，其婚姻之家或十數年間未相識者，惟以信命致殷勤焉，鄴下風俗專以婦持門戶，爭訟曲直，造請逢迎，車乘塡街衢，綺羅盈府寺，代子求官，爲夫訴屈，此乃恆代之遺風乎」

大約當時江南婦女仍守魏晉以來嚴整之禮法，鄴下則漸染胡風矣。

二、婚姻

顏氏書中關於當時婚姻習慣風尙僅有二事，一爲財婚，二爲續娶。實則財婚由來已久，漢樂府孔雀東南飛即有「受母財帛多，不堪母驅使」與「齎錢三百萬，皆用青絲穿，雜綵三百疋，交廣市鮭珍」諸足見聘禮之厚，婚禮之奢也。

卷一、治家第五：

「婚姻素對，靖侯成親，近世嫁娶，遂有賣女納財，買婦輸絹，比量父祖，計較錙銖，責多還少，市井無異，或猥婿在門，或傲婦擅室，貪榮求利，反招羞恥，可不愼歟」

沈約奏彈王源可作補證：

「……自宋氏失御，禮教凋衰，衣冠之族日失其序，姻婭淪雜，販鬻祖曾，以爲賈道，明目腆顏曾無愧畏……風聞東海王源嫁女與富陽滿氏……源頻叨諸府戎禁，豫班通徹而託姻結好唯利是求……輒攝媒人劉嗣之到臺辯問，嗣之列稱吳郡滿璋之相承云是高平舊族，寵奮胤胄定計溫足，見託爲息鸞覓婚……源父子因共詳議，判與爲婚璋之下錢五萬，以爲聘禮……竊尋璋之姓族士庶莫辨……汪滿連姻實駭物聽（昭明文選卷四十）

大約當時婚姻講求門閥，士庶不能通婚，其後，南有新興之寒族，北有漢化之胡裔，皆欲結好士族以光門楣，女方貪男家之厚聘，男方則志在攀附高門，互相利用，於是猥婿在門，傲婦擅室之弊生矣。

廿二史劄記卷十五財婚

「封述傳述爲子娶李士元女，大輸財聘，及將成禮，猶競懸違述，忽取所供像對士元打碎爲誓，士元笑曰封翁何處常得此應急像，須誓便用，述又爲次子娶盧莊女，述訴府云送騍，乃嫌腳跛，評田則云鹹薄，銅器又嫌古舊」

據此可見聘禮不僅有聘金，且有田產，馬匹，器物，謂爲買賣婚姻，誰曰不宜。關於再婚續娶情形則：

「江左不諱庶孽，喪室之後多以妾媵終家事，疥癬蚊蝱或未能免，限以大分，故稀鬥鬩之恥，河北鄙於側出，不預人流，是以必須重娶，至於三四，母年有少於子者，後母之弟與前婦之兄衣服飲食爰及婚宦，至於士庶貴賤之隔，俗以爲常」——卷一、後娶第四

此段昭示三事，一、爲南方妻死則不再娶。二、南方妾可以主持家政。三、北人重視嫡庶之分。

三、喪葬

愼終追遠古人所重，生死大事，瑣節繁文禁忌迷信尤多，顏氏於終制篇中囑其子弟不得厚葬。

「……今年老疾侵，儻然奄忽，豈求備禮乎，一日放臂沐浴而已，不勞復魄，殮以常衣……吾當松棺二寸，衣帽已外，一不得自隨，床上唯施七星板，至如蠟弩牙玉豚錫人之屬並停須省，糧甖明器，故不得營，碑誌旒旐在言外，載以鼈甲車，襯土而下，平地無墳，……靈筵勿設枕几朔望祥禫唯下白粥清水乾棗，不得有酒肉餅果之祭，親

友來餟酹者一皆拒之……四時祭祀周孔所教，欲人勿死其親，不忘孝道也，求諸內典則無益焉……有時齋供及七月半盂蘭盆望於汝也。」

又：

「江南凡遭重喪，若相知者同在城邑，三日不弔，則絕之，除喪雖相遇則避之，怨其不已憫也，有故及道遙者致書可也，無書亦如之，北俗則不爾，江南凡弔者主人之外不識者不執手，識輕服而不識主人，則不於會所而弔，他日修名詣其家。」──卷二、風操

「陰陽說云辰爲水墓，又爲土墓故不得哭，王充論衡云辰日不哭，哭必重喪，今無教者辰日有喪不問輕重，擧家清謐，不敢發聲，以辭弔客，道書又曰晦歌朔哭皆當有罪，天奪其算，喪家朔望哀感彌深，寧當惜壽又不哭也亦不諭」──同上。

「偏傍之書，死有歸殺，子孫逃竄莫肯在家，畫瓦書符作諸厭勝，喪出之日，門前然火，户外列灰，祓送家鬼，章斷注連凡如此比，不近有情……」──同上。

「殺」俗亦作「煞」，趙氏注補言：「死有煞日，北人逃煞，南人接煞，門前燃火，今江以南亦有此風，」按「煞」今華北俗稱爲「殃」，喪家遇出殃之日，則於死者生前居室之內陳祭品，擺設生前所用盥洗流櫛諸物，地上鋪灰虛掩其戶，家人走避，其他房門，窗戶皆貼紅紙作壓勝，樹木亦如之，恐爲殃打也，殃過後則敲響器，然後收斂祭品，殯葬之日，靈柩出堂，即由陰陽淨宅，用五穀清水遍洒戶內，然爆竹，貼淨宅符以除祟，與顏氏所述情形

相似，由此可見喪葬習俗至今千餘載未改。

四、其他

此外散見顏氏書中關於風俗史料約有兩件：

一、冬至節：古以冬至爲大節，朝野皆祝賀宴會，至今南方俗諺猶云冬至大如年，漢崔實四民用命云：「冬至之日荐黍餻，先荐玄冥及祖禰，並進酒肴及謁君師耆老如正旦。近古女人常以冬至日進履襪於舅姑長之義也，冬至先後五日買白犬養之，以供祖禰。」——顧懷三補後漢藝文志卷五。

據崔氏書略可窺見漢代冬至習俗，顏氏書卷一治家第一。

「南陽有人爲生奧博，性殊儉吝，冬至後女婿謁之，乃設一銅甌酒數臠麞肉，婿恨其單率，一舉盡之。」

「南人冬至歲首不詣喪家，若不修書，則過節束帶以申慰，北人至歲之日重行弔禮。」——卷三風操第六是冬至親友互賀，以酒食宴客，喪家不過節諸事，與今日農曆新年相同。

「試兒」今謂之「抓週」紅樓夢兒女英雄傳皆載其情形略與顏氏書同：

「江南風俗兒生一朞，爲製新衣，盥浴裝飾，男則用弓矢紙筆，女則刀尺鍼縷，並加飲食之物及珍寶服玩，置之兒前，觀其發意所取，以驗貪廉智愚，名之爲試兒，親表聚集致讌享焉，自茲已後二親若在，每至此日常有酒食之事耳，無教之徒雖已孤露，皆為供頓，酣暢聲樂，不知有所感傷」——卷二、風操：

此一記載有兩事實，一、即週歲試兒，二、即祝賀生日誕辰之俗，週歲試兒之俗今已不聞，祝賀生日誕辰之事則已流行千百年矣。

幾首有關商業史的詩

我國以農立國，故秦漢以來，執政者皆重農抑商，謂農爲本，商爲末，漢人禁商人不得衣帛乘車，實則富商巨賈財可敵國，號爲素封，自有其影響力，豈能等閒視之。

自古除了正史食貨志不得不談到商業方面的情形，其他著作裏很少這一類的材料。因爲文人作家對商人的不耕而食、不織而衣的情形最爲不滿，對商人也沒有好話來形容他們，或不屑於把他們的生活當作題材（唐人傳奇裏有寫胡賈識寶得寶諸事，但目的在傳奇，並非以描寫商人情形爲目的）

因此我們要研究古代商業史，更缺乏材料。近讀宋郭茂倩樂府詩集卷四十八清商曲辭類中有唐張籍賈客樂一首，劉禹錫劉駕賈客詞各一首，元稹估客樂一首，都寫的是唐代商人情形。又卷九十九有白居易新樂府鹽商婦一首，亦可看出商人生活優裕的情形。元白之詩好以社會問題，民生疾苦爲題材，意在諷諫，不意千載而下，卻成了最有價值的史料。

這幾首寫法大概都是先寫商人逐利，不計遠近，以及壟斷兼並，錙銖必較的情形，再寫他們生活富裕，以及交納權貴，官商勾結等事，最後多揭出農民生活貧苦，終歲辛勤，賦稅又重諸事作爲曲終奏雅以示重農抑末之意。

張籍劉禹錫和韓愈同時，是中唐前半期的人，元稹，白居易是中唐後半期的人，所以這幾首詩所描寫的是安史之亂以後，黃巢之亂以前的情形，安史之亂以後，關中地區元氣大傷，南方未曾遭受戰禍，所以更加繁榮，詩中多寫商船來往，很少談到陸路負販之事，即其明證。

張籍的賈客樂是一首七古：「金陵向西賈客多，船中生長樂風波，欲發移船近江口，船頭祭神各澆酒，停杯共說遠行期，入蜀經蠻遠別離，金多衆中爲上客，夜夜箏䌽眠獨遲，秋江初月猩猩語，孤帆夜發滿湘渚，水工持楫防暗灘，直過山邊及前侶，年年逐利西復東，姓名不在縣籍中，農夫稅多長辛苦，棄業長爲販寶翁。」

這裏面寫商人來往負販的地區係自金陵出發，坐船西行，遠到巴蜀，以及南方蠻夷之區，商船出發前必祭神澆酒祈求平安利市，又寫商人以金多爲尊，與夫生活辛苦，中途艱難多阻情形，又商人在本籍沒有戶口，故不完糧納稅，農夫多願棄業爲商。

劉禹錫所寫是一首五古：「賈客無定遊，所遊唯利並，眩俗雜良苦，乘時知重輕，心計析秋毫，搖鉤侔懸衡，錐刀既無棄，轉化日已盈，邀福禱波神，施財遊化城，妻約雕金釧，女垂貫珠纓，高貲比封君，奇貨通倖卿，趨時鷙鳥思，藏鏹盤龍形，大艑浮通川，高樓次旗亭，行止皆有樂，關梁似無征，農夫何爲者，辛苦事寒耕。」

他先寫商人逐利乘時，算及毫厘的情形，以及生活富足，家中起了高樓，水面上有自用的大貨船，妻女佩著珍貴的首飾，有了財產，地位也提高了，可以用「奇貨」來交通「倖卿」，交通「倖卿」的目的是什麼呢？就是有官府庇護可以「關梁似無征」。

元稹的估客樂是一個長篇：「估客無住著，有利身即行，出門求伙伴，入戶辭父兄，父兄相敎示，求利莫求名，求名有所避，求利無不營，伙伴相勒縛，賣假莫賣誠，交關少交假，交假本生輕，自茲相將去，誓死意不更，一解市頭語，便無鄉里情，鍮石打臂釧，糯米吹項瓔，歸來村中賣，敲作金玉聲，村中田舍娘，貴賤不敢爭，所費百錢本，已得十倍贏，顏色轉光潔，飲食亦甘馨，子本頻蕃息，貨賂日兼並，求珠駕滄海，採玉上荊衡，北買黨項馬，西擒吐蕃鸚，炎洲布火浣，蜀地錦織成，越婢脂肉滑，奚僮眉眼明，通算衣食費，不計遠近程，經營天下偏，却到長安城，城中東西市，聞客次第迎，迎客兼說客，多財爲勢傾，客心本明黠，聞語心已驚，先問十常侍，次及百公卿，侯家與主第，點綴無不精，歸來始安坐，富與王家勍，市卒酒肉臭，縣胥家舍成，豈唯絕言語，奔走極使令，大兒販材木，巧識梁棟形，小兒販鹽鹵，不入州縣征，一身偃市利，突若截海鯨，鉤距不敢下，下則牙齒橫，生爲估客樂，判爾樂一生，爾又生兩子，錢刀何歲平。」

此篇較劉禹那首鋪陳描寫更加詳盡，由篇中可見當時已有所謂「市頭語」即商業專用術語，以及虛僞宣傳，以假亂眞情形，作生意不計遠近，就是遠到蜀越以及國外貿易也要作，項目更多，販賣人口當時不算違法，也是正當行業，所以「通算衣食費」，不管別的，只要有利可圖就行，後半寫商人以財富打通關節，交結內監，王侯內戚無不受到他金錢攻勢的襲擊，地方官吏受他財勢所折服，吃夠了他的酒，用他的錢造了房子，焉能不供他奔走，受他使命，怎敢要他交賦稅服傜役呢，最後用「截海鯨」來形容他的貪婪專橫視國法如無物的情形，表示士大夫們對商人的咒咀與憎惡。

白居易那首鹽商婦，專寫鹽商妻子富足優裕的生活，側面即寫鹽商壟斷鹽業，半飽私囊之事。

「鹽商婦多金帛，不事田農與蠶績，南北東西不失家，風水爲鄉船作宅，本是揚州小家女，嫁得西江大商客，綠鬟富去金釵多，皓腕肥多銀釧窄，前呼蒼頭後叱婢，問爾因何得如此，婿作鹽商十五年，不屬州縣屬天子，每年鹽利入官時，少入官家多入私，官家利薄私家厚，鹽鐵尙書遠不如，何況江頭魚米賤，紅鱠黃橙香稻飯，飽食濃妝倚柂樓，兩朵紅顋花欲綻，鹽商婦有幸嫁鹽商，終朝美飯食，終歲好衣裳，好衣美食有來處，亦須□愧桑弘羊，桑弘羊死已久，不獨漢時今亦有。」

鹽商婦是出身寒微，沒有門第的揚州小家女，嫁了鹽商，就使奴喚婢，飽食濃妝，終日無所事事，這眞是富比公侯，令人羨妒的新興階級，同時由這詩裏可以看出幾件事實：一、唐朝鹽政的積弊，二、這些新興階級是長江流域生長南方的「西江大商客」，三、浮宅泛家的生活，而且不止這一篇描寫商人以船爲家，就是張籍賈客樂也說：「船中生長樂風波」，白氏琵琶行也說：「……商人重利輕別離，前月浮梁買茶去，去來江口守空船，繞船明月江水寒」可見中唐以來商人多是長江流域人。

經商固然可以發財，但也很辛苦，而且慢藏誨盜，有時遇到劫盜也會送了命，劉駕的賈客詞就談到這些事：「賈客燈下起，猶言發已遲，高山有疾路，暗行終不疑，寇盜伏其路，猛獸相來追，金玉四散去，空囊委路歧，楊州有大宅，白骨無地歸，少婦當此日，對鏡弄花枝」。

由這幾首詩，我們可以略看出當時一般情況，可惜手邊參考資料不夠，不能寫得更充實些，只有俟諸異日了。

明代的「觀光事業」

俗語說：「靠山吃山，靠水吃水」，若用這句話來形容「觀光事業」最是恰當不過了，「觀光事業」雖說是沒有煙囪，不用機器就能賺錢的行當兒，可是要有組織，會設計安排，能夠想出種種名堂，讓花錢的大爺們心甘情願的從荷包裡掏鈔票才行。

古時候人們多半安土重遷不喜歡出外走走，出外的人都是爲名爲利去趕考去經商，再不然就是爲了信仰，不惜跋涉長途去「朝頂進香」。

有人去「朝頂進香」，才刺激了地面上的繁榮，住在名山古剎四周的人家才能「靠佛吃飯，仗佛穿衣」，大發「觀光財」。

明清人紀風土的書時常談到「香市」「香汛」，描寫每年一度的「香市」，香客紛紛自四方來臨，趕來作生意的攤販有土產攤有香燭攤有飲食攤，生意人使出渾身解數來搶生意，通常「香汛」前後不過一個月二十天，可是這段期間當地人的收入除了供給他們全年的生活費，還可以有餘去置產買田。

明代以來有三個馳名的進香勝地，北有山東的泰山，中有湖北的武當山，東南有普陀山，這三個地方每年到了進香之期都是香客雲集，使本來清靜之地立即熱鬧起來，地方官就添了許多麻煩，要派許多人來維持秩序，可是也添了一份「香稅」的收入。（泰山、武當山都收香稅）。

明張岱的「陶庵夢憶」雖然數量不多，卻是一部好書，文筆生動活潑，沒有頭巾氣，的確是最好的小品文。若從另一角度去看他所寫的題材卻是最眞實的社會史料，他書裡有一段「泰安州客店」，講「泰安」客店接待香客的情形：

「投店者先至一廳事上簿掛號，人納店例銀三錢八分，又人納稅山銀一錢八分」

「店房三等，下客夜素早亦素，午在山上用素酒果核勞之，謂之接頂。夜至店設席賀，謂燒香後，求官得官，求子得子，求利得利故曰賀也。賀亦三等，上者專席，糖餅、五果、十殽、果核演戲。次者二人一席，亦糖餅、亦殽核、亦演戲。下者三四人一席，亦糖餅殽核，亦演戲、亦彈唱。」

前面這一段詳細講出住店的手續，客房的等第，接待以及膳食的豐儉。可見當時旅遊業者很會設計，讓香客們既了卻自己進香的心願，又享受旅行、飲宴之樂，還可以極視聽之娛，這樣作生意，要有條不紊，應付裕如眞是不易，下面一段就寫這個客店天天客滿，來來去去川流不息的情形：

「計其店中演戲者廿餘處，彈唱者不勝計，庖廚炊爨亦廿餘所，奔走服役者亦一二百人，下山後葷酒狎妓惟所欲，此皆一日事也，若上山落山客日日至，而新舊客房不相襲，葷素庖廚不相溷，迎送廝役不相兼，是則不可測識之矣，泰安一州與此店比者五六所。」

這段紀錄你可以看出這座客店從業人員的分工細密，工作效率高，組織健全，決沒有呼應不靈，彼此不能合作的毛病。

二十多處同時演戲，二十多個葷素廚房同時烹炒，上山的，下山的，一天不知有多少起，我們閤上書去想像一下，這個旅店規模該有多大了，要同時爲那麼多的旅客服務，直接間接不知有多少人？而且還有聯營的組織：

「……未至店里許，見驢馬槽房二三十間，再近有戲子寓二十餘處，再近則密户曲房皆妓女妖冶其中……」

若根據這段文章研究明代人作觀光生意，很多地方和現代旅遊業相似，主持這樣規模宏大組織嚴密的大旅館，這個主持人一定是有頭腦有才幹的企業家，是不在話下的。

關於泰山「碧霞元君廟」進香情形，寫的最詳細的就是「醒世姻緣傳」第六十九回用了好幾萬字，描寫進香團體，進香途中經過的地方，沿路小飯館拉客，香客們上山下山到旅客店都要「號佛」，旅館酬謝替他們拉客的神棍要送禮的種種細節，正可補張岱那段文章的不足，於此就可看出白話文可以極周密生動之能事，文言文卻有簡潔凝鍊的長處，兩者是不可偏廢的。

研究明清史的「意外」史料

韓國朴趾源「熱河日記」記錄兩百年前的中國

乾隆皇帝七十大慶，韓國派遺祝壽團前來慶賀，朴趾源是其中之一，他將往返途中所見所聞寫成一部「熱河日記」。書中他不僅記下了充滿新鮮稀奇的中華風土，更一再表露對明朝的念念不忘。在他的書中可以找到許多「意外」的史料……

清乾隆四十五年（西元二七八〇）韓國朴趾源隨韓國祝壽團來華（那年是乾隆皇帝七十大慶），他將往返途中所見所聞寫成一部「熱河日記」，共有二十六卷，他是韓國飽學之士，文筆不錯，雖詞句間有滯澀，終究他是外國人，中文能有此造詣，已是不可多得了。

觀光客眼中的中國充滿新奇的趣味

書中有許多珍貴的史料（例如明清朝之際明與滿兵交戰，明亡以後明遺臣故老隱居韓國諸事）可供採擇，今都暫置不作研討，只將他書裏所記中華風土介紹給大家欣賞。他所記的是兩百多年前東北和華北的風土人情，在當時，他這位觀光客感到驚奇的事物，兩百年後的中國人看到他的紀錄同樣也會覺得新鮮，因爲不論時空都距離我們夠遙遠的啦。或許他是外國人，中國人看來毫不稀奇的事物，在他心目中都是新奇的，因此他書裏留下許多生動有趣的紀錄，我們可以分類介紹於後：

一、中上民家陳設：「中火於康永太家……永太所居精美華侈，種種位置莫非初見，炕上鋪陳皆龍鳳氍毹，倚榻所藉皆以錦緞爲褥，庭中設架，以細簟遮日，四垂湘簾，前列石榴五六盆，就中白色石榴盛開……」──卷一。

二、典當鋪：「過一鋪掛一面金書當字牌，傍書「唯軍器不當」五字，……小憩典當鋪，主人引至中堂，勸一椀熱茶，位置多異玩，設架齊樑，置所典之物皆衣服也，褓裹附紙籤，書物主姓名別號，相標居住，再書某年月日典當某件於某字號，親手交付云云，其別殖法無過什二，過期一朔許賣……」──卷一。

三、酒店：「店主曰：兩位都斟四兩麼各斟四兩麼？岱宗道每位四兩，卞君罵曰四兩酒誰盡飲之，岱宗曰四兩非酒錢也乃酒重也，其卓上列置斟器，自一兩至十兩，各具其器，皆以鍮鑞造觶，出色似銀，斟四兩酒則以四兩觶斟來，沽酒者更不較量多少，其簡便若此，酒皆白燒露，味甚不佳，立醉旋醒，周視布置皆整飭端方，無一物委頓雜亂之形……」──同上。

對中國的擔水法非常注意

以上三段所記都是北方民間情況，朴氏所記雖很簡明，仍要稍加解釋：

北方屋中都有「炕」，砌磚爲「炕」，中空可燃煤，冬季炕中有火，可使室內溫暖如春，開春撤火，正好利用春夏期間清除炕洞積烟，「炕」多臨窗，炕上設炕桌，靠墻放炕几，日常家人活動，客人來訪都在炕上，「炕」的面積很大，北方俗語說「一間屋子半間炕」，其實「炕」和日式「榻榻米」差不多，只是爲配合北方酷寒的冬季才改爲磚砌的「炕」而已；又記「庭中設架，以細簟遮日」，講的正是北方人夏天在院中所搭的「天棚」，又記庭院中擺石榴盆景和人用紅蟲餵魚的情形「庭中有二大盆種三五柄蓮子，養得五色鮒魚，少年手持掌大紗罩向外小瓮邊舀了幾顆紅蟲浮沈盆中，蟲細如蟹卵皆蠕蠕，少年更以扇敲那盆郭，念念招魚，魚皆出水叩沫……」合起來正是北方人所講的「天棚魚缸石榴樹」，「五色鮒魚」即金魚「鮒魚」即「鯽魚」，宋人稱金魚爲「金鯽」，朴氏仍沿用古名，稱之爲「鮒」。

他對中國人生活細事頗多注意，例如柳罐打水及擔水情形：

「……井蓋設轆轤，下垂雙綆，結柳爲棬，其形如瓢而深，一上一下，終日汲，不勞人力，水桶皆鐵箍，以細釘緊約，絕勝於綰竹爲箍，經歲久則朽斷，且桶身乾曝，則竹箍自然寬脫……汲水皆肩擔而行，謂之扁擔，其法削一條木如臂膊大，其長一丈，兩頭懸桶，去地尺餘，水窸窣不溢，唯平壤有此法，然不肩擔而背負之，故其妨於窄路隘巷，其擔法又此爲得之……」

這段擔水法，他提出和他本國情形作比較，討論優劣，書中有好多處例證，大約明清之際韓國人一般生活水準仍比較落後耳。

研究中國傳統工技史的最好資料

這部書裏還細記載了好多當時中國工技，足見他是位有心人，並不是搜奇攬勝的觀光客，他的記錄留到今天給研究傳統工技史的人看，仍是最好的資料，暫時保留，將來再整理。只介紹一段利用斷瓦小石築墻鋪道的技術：

「斷瓦天下棄物也，然而民舍繚垣肩上更以斷瓦兩兩相配爲波濤之狀；四合而成連環之形，四背而成古魯錢，嵌空玲瓏，內外交映，不棄斷瓦而天下文章斯在矣；民家門庭貧不能鋪磚，則取諸色琉璃碎瓦及水邊小礫之磨圓者錯成花樹鳥獸之形，以禦泥淖，不棄碎礫，而天下之圖畫斯在矣……」——馹汎隨筆（熱河日記卷三）

他在華期間活動範圍只限於東北和華北以及北京城，是因當時韓使節團本來預定到北京爲乾隆祝壽，沒想到乾隆改變主意，決定在熱河行宮受賀，害得他們和蒙古、回部等朝賀使臣都連夜兼程進發，生怕誤了日期，中途也吃不少苦，大雨河水高漲，勉強前進，幾乎滅頂；又書中他一再表露對明朝的念念不忘，斯時清人統治中國已然超過百年，當時韓國迫於強大的壓力，不得不向清人朝貢，但他對滿人仍無好印象，在他的書不但可以找到意外的史料，更有助於研究明清之際諸問題，並不是一部單純的觀光紀錄。

開洋葷

自己雖不會燒菜，卻喜歡紙上談兵研討飲食文獻，前些年前寫過一篇金瓶梅的吃，刊在我的中國藝文與民俗這本書裡，近年仍然在收集飲食文獻，固然是由於興趣使然，另一原因則是「及其老也」就該「節飲食薄滋味」才是養生之道，既不能實際放膽大嚼，從書裡欣賞美饌嘉肴，聊以滿足口腹之慾，也不必顧慮什麼後遺症—血糖昇高，膽固醇增加等等令人心驚的事，這倒是沒流弊的好辦法也。

除了孟子所說的「膾炙」，自古以來我們中國人就喜歡「開洋葷」，換換口味，嚐嚐遠方異味，漢朝人就很愛吃韓國菜的「雞寒」（見劉熙釋名及鹽鐵論散不足篇），東漢末，西晉時「胡餅」成爲大家日常食物之一，五胡亂華，中原淪陷，黃河流域胡漢雜居，歸降的南人仍然喜愛家鄉味吃魚、蟹、飲茗，只有在公共宴會場合才勉强吃膻味的羊肉和酪粥，因此大受嘲笑，洛陽人稱南人聚居的地區爲「魚鱉巷」（見後魏楊衒之洛陽伽藍記），到了隋唐情況就大爲改觀，當時的長安是國際大都市，有來作生意的波斯胡賈，有來傳教的教士（景教、拜火教），也有由日本來的留學生，長安城裡有供應胡食胡酒的餐館，還有漂亮年青的胡姬爲客人們服務，浪漫詩人李白欣賞異國情調，因此有許多描繪胡姬的詩篇。

宋朝奉命到遼、金、西夏出使的官員，他們留下好幾部出使旅行記，旅行記裡或多或少都會講到遼金官方招待他們的酒席有什麼特殊的肴饌、酒果、點心等等（例如富弼奉使錄樓鑰北行日錄等），可以看出遼金人飲食的概況，但都沒有講到製作烹調的方法。要研究烹調的技術，賈思勰齊民要術裡有最齊全的食品加工和烹調技術，其中有些「胡食」的作法，這些「胡食」都五胡亂華以後，黃河流域保留下來的，傳到隋唐時代，再加上西域傳來的飲食，隋唐人所能品嚐到的「洋葷」，內容就更豐富了。

爲烹調和飲食衛生而寫的專書就是元忽思慧的飲膳正要，書裡所列肴饌，卻是品味雜陳，有蒙古食物、漢人食物，也簡單的介紹了烹調方法，可惜的是除了一望而知的用譯音爲名的食物，可以判斷是外來品，其他都不清楚。

最近整理藏書，突然在居家必用事類（中文出版社影印日本寬文十三年（西元一六七三）本）裡，找到回回食品和女眞食品詳細作法共十七種，正可補飲膳正要的不足也。

會寫文章的是士大夫們，照理說，他們可以替我國自古相傳的各項技藝，留下豐富充實的紀錄，可惜又可惱的是這些只肯勞心不屑勞力的士大夫們只知道坐在屋子裡，上焉者治國平天下，下焉者奪權爭利，勾心鬥角，公餘之暇就去享受「精緻生活」，享受「飲食男女」，卻不肯「格物致知」，多看多研究自己身邊的事物是用什麼材料做的？是怎樣做成的？因此我國古書裡有關技術的專書特別少，就因爲會寫的人不屑於寫，有技術的人就是想寫，也許沒有能力寫，士大夫們偶然雅興發作，寫菊譜牡丹譜也是多談欣賞，少談栽培技術，甚至完全不談，所以那些菊譜之類的書實際用處並不多。

居家必用事類庚集裡所收十七種回回和女眞食物烹製法一望而知是能夠實用的，特別刊出書影爲證。

清乾隆時，印光任著澳門紀略曾記述白人飲食情況，那是中國人初次認識「西餐」，到了清末以上海千里洋場爲背景所寫的小說如官場現形記，海上花列傳所描繪的中國人進「番菜館」「開洋葷」「出洋相」的情況，初看覺得好笑，再看覺得悲哀，這是我的感覺，請問你的感覺如何呢？

招牌和廣告

商店用以招攬顧客的標誌俗名稱作「招牌」，古老的名字叫作「望子」，望而可見之物也，從前又管它叫作「幌子」，韓非子外儲說裡就有一段關於「幌子」的故事，故事是講有個宋國人開了家酒店，他作了一面大大的「幌子」，高高的掛起來，過往的人遠遠的就可以望見這面酒旗，自會上門來買醉的，他家的酒味道很美，對客人很有禮貌，作生意也很老實，絕對不偷斤減兩，可是生意一直不好，日子一長，店裡存的酒味道都變酸了，眼看買賣就要作不下去了，店主人十分焦急就請一位老長輩替他想辦法解救他的危機，那位長輩說：「我要親自到店裡去看看，到底毛病出在那兒？才能對症下藥啊」，過了兩天那位長老剛來到酒店門前，臥在店門前的一隻猛犬立即跳起來，向那老人撲過來，他年已老邁人站不穩，立即跌倒在地上，店主人連忙跑出來，一面扶起老人，一面叫人把狗趕到後面去，那老人氣喘噓噓的對主人說：「有這樣凶猛的狗，誰還上門來買酒啊！」

這段故事本是韓非子的寓言，不過卻也告訴我們一個史實就是戰國時代酒店挂幌子已然非常普遍了，酒店的「幌子」也叫作「酒旗」，旗子上面都是大大的寫個「酒」字，其他的行業該用什麼作「幌子」呢，在前人記風土的書裡有好多記錄，有寫明店名和營業項目的沖天招牌，也有以實物模型作標誌的，宋人已然有自己製作特有標誌作為營業時招攬客人之用，例如洪邁夷堅志丁志裡有兩段故事，就是最好的例証：

「陳媳婦：產科醫者陳媳婦家，陳之家刻木為婦，飾以衣服冠珥，稍故暗則加彩繪而更新其衣，自父祖以來有之，不記歲月矣」——夷堅志丁志卷九。

「當塗外科醫徐樓臺，累世能治癰癤，其門首畫樓臺標記，以故得名」——夷堅志丁志卷十。

後來沿此方式發展，例如北平有一條烟袋斜街是售賣「旱烟袋」的店家集中的地區，店門前多挂一隻特大號的烟袋作招牌，靴鞋店擺一隻特大號官靴為記，此外「金驢」招牌的脂粉香皀，「黑猴」招牌的氈帽在清人北京竹枝詞裡都留下紀錄，這可說是商標專利的創始。

從前商店的招牌匾額多請顯宦或有名的書家來寫，藉此提高聲價，北平最出名的店匾就是明代嚴嵩所寫的「六必居」和「西鶴年堂」的兩塊匾，由於這兩塊匾使這兩家店經過明清兩代，生意仍然不曾衰落，成了故都老店典型。

我小時候北平店家的匾額多半是祝椿年寫的，也有華世魁寫的，間或有惲毓鼎和孟錫珏寫的，這兩位是前清的翰林，後來也有人請狀元劉春霖寫的，仍是尊崇科名風氣的延續。

那時報紙上也有各式廣告刊出，我印象最深的就是「群强報」刊登的各戲園的廣告，每天演出的戲碼都不同，可以看出從前人們的娛樂以聽戲看雜耍為主，看電影的多是新派人和洋學生。

後來有了收音機，廣告也跟著收音機走進了百萬戶人家，廣告多是賣「航空奬劵」和「黃河奬劵」的，通常是「説相聲」的勸人買「發財票」，也有賣藥的，抗戰前收音機就播廣告，算來也有六十多年的歷史了。

中國人對於招牌、廣告這些事情，一向認爲小事一件，并不在意，可是事事用心的日本人卻不放鬆，肯下功夫，井崗咀芳就寫過一篇「滿支の看板」，他仔細調查過華北、東北的商店招牌幌子，繪出圖來并詳加解釋，這篇內容充實的論文叫中國人看了眞是既是欽佩又驚懼，別人對我們的研究如此深入，我們對別人又了解多少呢？

那時候還沒人注意到市容問題，因此大街小巷牆上到處貼滿了小廣告和海報，有出賣、出租房子的，有妙峰山進香的通告，也有醫藥廣告，其中最叫人感到惡心的就是貼在公廁裡的花柳病廣告，再加上臭氣沖天的公廁眞是都市最大的污點。

讀報擷取

最近找到幾冊清光緒六年庚辰（西元一八八〇年）上海清心書館刊行的「華圖新報」，這是當年耶穌教長老會在上海傳教，設立義塾，名爲「清心書院」，男女生兼收，並且在光緒元年創刊「小孩月報」，月印三千五百本，光緒六年又創「華圖月報」月印三千本，從刻圖、排字，到印刷裝釘、一切工作都是「清心書院」的學生們自己動手去做，不曾假手外人。

光緒六年到今天整整是一百年，一百年前草創時期的刊物，今天看起來，眞是有趣得很，正文裡固然有很多珍貴史料，就是所刊登的廣告也和正文一樣有價値。

這個刊物的編排當然不如現在刊物有條理，可是國際新聞、朝政大事、社會新聞、世界搜奇以及文藝、漫畫等等應有盡有，已然具備了一份報刊的雛型，同時由這本刊物可以找出許多當時不經意留下的紀錄，到今天卻成了重要史料，因此這些殘缺的期刊，眞有一讀的價値。

今我以披沙揀金的耐心，找出材料來分類介紹給大家同享：

一、上海的自來水

清光緒二年葛元煦所著的滬遊雜記卷二，有城中食水條談到那時候人們用水的事：

「滬城內河渠淺狹，比戶皆乘潮來汲水而食，潮退腥穢異常，故飲者易生疾病……即鑿井而飲，味亦不甘美，滬中官商曾議做西洋法設機器鐵管引江水灌注城內四隅，以濟民食，後以費鉅不果。」

後來光緒六年五月份華圖新報記載，住在上海的西洋人五月初九日在工部局開會，商量籌設自來水的事，有三個人提出估價單和可以供應的水量：

一、瑪理遜估價銀三十六萬一千兩，可得水一百五十萬夾倫，每夾倫約五斤。

二、有恆洋行主人估價銀五十五萬兩，可得水一百七十五萬夾倫。

三、華脫合價銀二十五萬兩，可得水一百萬夾倫。

另外還有幾個西洋人請工部局允准於地下安置鐵管等，先將圖樣呈閱，並謂儲水有一百五十萬夾倫可以足用，若以機器取水可得三百萬夾倫，如欲增至四百五十萬夾倫亦無不可，欲成此舉，須立公司，糾股分，每股洋百元，得洋一百五十萬元為資，其利按年通扯一分云。

其後同年十一月華圖新報第八卷又記自來水事……

前報言上海議設自來水，今已議定，設立公司，招人入股，每股銀二十磅，共集銀十萬磅，作爲資本，想嗜茶者又多一番品評矣。

上海自來水工程進行情形在光緒七年八月份之畫圖新報有簡略報導：

「自來水興工：本埠倡造自來水業已興工，其鐵管俱由外國寄來，自楊樹浦起，安設已有四里路長，往來行人暨馬車等，照常行走，均不礙事云」。

又在同年九月份裏對上海自來水工程有清楚的說明：

「自來水原理：本埠中西人所飲之水皆取自黃浦，或用人挑，或以馬運，日來本埠西人議定造一自來水使水由浦江自行達至家中，以便取用，誠善法也，然有多人聞之皆以爲怪異，以爲水何能自下而上，達至家中，故多有不信者……今將此理試略言之，凡造自來水必先於有水處或江或湖造一高水池，今上海則造于楊樹浦，挹取江水令滿，中用沙漏使水清潔，再用鐵管由地下達至吳淞江北鐵路大橋附近，造一高塔，其塔必高過最高之屋，將楊樹浦水池所來之水貯滿其中，再用細鐵管一如煤氣燈之法分佈街巷，四通八達如樹幹生枝，曲折高低無不到達，鐵管末端作一螺塞，用時將螺塞撚開，水自流出，即免汲取之勞，又解回祿之災！」

由後一段說明可以了解當時上海人對此仍有疑問，自來水工程情形，八月份報既然講安地下鐵管「已有四里路長」，當然開工該在八月之前，當時工人技術如何？負責工程的技術人員爲誰，均無記載，今已不可考矣。

可惜手邊的華圖新報只到光緒七年九月份爲止，沒有看到設立自來水公司的事情的進展如何，但據後來上海研究資料紀錄，上海自來水公司第一次正式放水係在淸光緒九年三月，也就是西曆一八八三年四月。

二、洋人與洋房

又華圖新報所講的「房捐」，只講每年有多少兩，沒講徵收的辦法，葛氏書裡另有一條專講徵收的辦法和這筆錢的用處：

「租界房屋工部估值抽捐，以房價之低昂定捐數之多寡，每值百元捐洋八元，分四季收取，作租界各項工程並一切善擧之用，從前尚有路燈垃圾等捐，今已併入房捐矣」

——滬遊雜記卷一

由這兩段補充說明，對上海租界內房捐收支的情形就可瞭然了，所可注意的是這些洋房的房東是中國人還是洋人呢？據許多記載房東仍以洋人爲多，比如猶太人哈同他就是來得早，又看出上海這塊地方大有發展，才大量投資，買來廉價的地皮建造房屋出租，成了鉅富的。

這是光緒六年八月即西元一八八〇年的統計，同年七月也有一個記載是講上海英美兩租界內洋房的數量：

本埠英美兩租界洋房計共六百三十八幢，較上年增三十七幢；按年租金四十九萬八千九百七十一兩，較上年多七千兩；房捐按年八千六百七十八兩，其中五百四十八幢爲西人所居，三十一幢爲華人所居，空閑者五十九幢，尚有法租界者不在其列，亦云盛矣。

這裡只有租金總數，分開來算每間的租金幾何，這裡沒有講，不過葛元煦滬遊雜記卷一房價條專談租界租房的事：

「上海租屋獲利最厚，租界內洋商出賃者十有六七，樓屋上下各一間，俗名一幢，後以披屋設灶，市面租界每月五六七兩銀數不等，僻巷中極廉每間亦需洋銀三餅，昔人言長安居大不易，今則上海居尤不易焉。」

南京條約以後，上海開放爲商埠，從那時候起上海便由一個荒涼的漁港變爲五方雜處的「十里洋場」。藍眼睛，黃頭髮的洋人紛紛來到上海灘來淘金，從道光末年到光緒初年，居留在上海的洋人越來越多，華圖新報有個簡單的統計：

寓滬西人不一其國，以男女老幼共核其數，得二千一百九十七人，今將某國若干人開列於後：

英國一千零四十四人，美國二百三十人，德國一百五十九人，澳地利三十一人，意大利九人，法國四十一人，比利士一人，瑞士十三人，挪耳威十人，瑞典十二人，丹國三十二人，荷蘭五人，西班牙七十六人，葡萄牙二百八十五人，俄國三人，希臘四人，日本一百六十八人，巴西十三人，呂宋三十二人，印度十五人，新加坡十三人，智利一人。

幾則老廣告的題跋

十多年前我在師大國語中心教課時，下了課時常到對面的學生書店去走走，看到中意的書就買，也沒有一定的範圍，只要我對這部書有興趣就會買下來，回到家立即先略讀一過，并隨手在書眉上記下簡略的標註，日後查尋資料時就方便多了。

那時候吳相湘先生主編的中國史學叢書才上市，所選的書多是不經見的好書，最令人滿意的是可以分售，讓讀者各取所需，量力選購，對我們這些寒酸的書生眞是方便極了，因此我也買了好幾本，其中有一部華圖新報，這部書淸光緒六年（公元一八八〇年——一八八一年）五月到光緒七年九月華圖新報合訂本共有十七期，每月出刊一次，上海淸心書館印發，鉛字排印本，書中有銅版畫插圖，這份刊物在當時可算是印刷精美的了，內容極爲完備，是研究近代史的上好資料，卻不是我研究的目標，我買它純粹爲了好玩，於是我在專找好玩的資料動機下，眞個找到好多有趣的東西，就是刊物封面前後的一百多年前廣告，到今天看起來的確是既有趣又耐人尋思的好史料，於是我就替這些廣告分別寫了短短的題跋記。

一、第二十二頁到第二十三頁：計有廣告四則，一爲「雪上駕車」乃是該報自己的廣告說明他們贈送訂户的五彩花圖，畫面上所畫題材。另一則爲該報的宣傳品寫明發刊目的，刊物內容及價錢；此外有醫藥廣告兩則，一則係戒烟藥廣告又一則是美國羅得司洲百里得未司醫生秘製止痛藥，廣告詞詳述此藥能治內外各科疾病，詳列各種病名，似乎過於誇張，廣告上幷有藥瓶圖形，此爲帶圖廣告，由圖形推斷此藥大約是藥水。

二、第二十四第二十五頁：第二十四頁共有不同性質廣告五則，一爲日本三井洋行出售「筆摺板」（Heotograph）廣告，此爲日人初期模仿西洋工業的實証。一爲科發藥房出售安神養血酒及百補鐵酒廣告，一專營出口的茂盛洋行，該行收買的貨物有皮貨、大黃、麝香、羊毛、艸帽辮、豬毛、亂絲、野蠶絲等，由這廣告知道當時我國出口以原料爲主，沒有工業品，共有草帽辮勉強算是半成品。一爲小孩月報是清心書院刊行的，它是用中文專爲兒童刊行的第一部刊物，所謂清心書院乃是紐約基督教長老會所辦，由此可知小孩月報和華圖新報都是長老會所辦的刊物。第二十五頁全面都是大英藥房的廣告首先列出兩種戒除鴉片烟毒兩種藥品，其中戒洋烟精粉寫明「貧富人皆可一律戒淨，好善者常購此以分送，本藥房照本發賣，每年以數千計，每包一角」，這段廣告正說明由於鴉片烟流毒，有心人士正努力推展戒烟運動，藥商乘機作生意的情況，廣告上其他藥品幷沒有凸現時代意義，茲從略。

三、第七十頁：上有廣告二則，一爲有輪船圖的招商局廣告，按招商局係同治元年李鴻章創辦的，用意在保有航權，對抗外國船舶侵佔我國航權。另一則爲教習英文廣告，該廣告是英國人鮑先生刊登，自稱所設英文書館日夜教讀，上課地點一在九江路一在山東路，這段小廣告說明當時人爲實際需要，紛紛去學英文，才有私人補習學校出現的情形。

四、第一九一頁到一九二頁：這是當時最大版面的廣告，詳列美國波斯頓城勞特挪廠所造各式名表式樣，價格及表身機件，金表含金比例，負責保養及詳細郵購辦法，這是一則非常詳備的廣告不但可以看出當時的表價，也可以知道郵購辦法在一百多年以前就已然開始，實是珍貴的商業史料。

五、第三六八頁：有出售奇妙影戲燈廣告，詞稱全部機器及火油燈燈箱及附帶天路歷程聖經故事等畫片多張，售價爲五十元，這在當時可算是昂貴的。

總之由這些老廣告，不但可以看出當時十里洋場工商業情況，也可以看出外國人籍傳教之便，推展文化侵略之實，以及鴉片烟流毒之深，國民不健康，因此戒烟藥和各種補藥廣告數量特別多，也就難怪外人譏我們爲東亞病夫了。

談談「三百六十行」

從前長輩告誡子弟不可游手好閒，時常說：「三百六十行，不論幹那一行，都餓不死人」，幾乎人人都會講「三百六十行」這個詞，至於各項行業合起來究竟有沒有「三百六十行」，以及這個詞從什麼時代起才成爲人們常講的口頭語，一般人就不甚了然了。

我最初看到「三百六十行」這個詞是在明田汝成西湖游覽志餘這部書裡看到的，他說：「乃今三百六十行各有市語，不相通用，倉猝聆之，竟不知爲何等語也」，這段話是講「三百六十行」各有「行話」，外行人是聽不懂的，田汝成是明中晚葉的人，他說「乃今三百六十行」可見「三百六十行」這個詞是明代才出現，再追溯上去明以前情況的如何呢？仔細追究的結果，原本是總稱各項行業爲「三十六行」，後來加倍爲「七十二行」，再後來元就改稱「一百二十行」（見元關漢卿雜劇金線池），明人更加爲「三百六十行」，這些變革正顯示了一個事實就是社會分工日益精密，古人「士、農、工、商」四大類分法已然不能包羅所有行業了。

「一百二十行」、「三百六十行」這兩個詞，最初只在人們口頭上流傳著，也被小說家戲曲家在作品裡使用過，可是並沒有人研究它，直到清末民初孫玉聲（字漱石，他是一般人所說的洋場才子），才在當時上海刊行的「最新滑稽雜誌」上刊登出他所寫的「三百六十行營業謠」，是用古謠諺體寫的遊戲文章，語多諷刺，又多用當時俗語及術語，不加詮釋，現代人是不懂的。

後來煙草公司在香烟盒內附贈成套的畫片，畫片上印有三國演義、西遊記、封神榜等通俗小說人物，那時候也有個烟草公司在他的產品裡附贈「三百六十行」畫片，從此「三百六十行」圖象也有人用作繪畫題材了，就連捏麵人的、捏泥人的都製作各式負販的麵人、泥人出售，可說是受此影響。

正式用紀錄風土民俗的態度來寫「三百六十行」的首推齊如山先生，他很詳細的分門別類記下舊北京的各行各業，並談到各行業的存亡消失，他這部「北京三百六十行」，可算是一部研究行業史的好作品。

再有專記舊上海三百六十行的書，作者夏林根，他根據記憶用報導方式寫的，書中只記了三十六個行業，作者在「結束語」中說明是限於時間，沒能夠寫更完備些，同時還在「結束語」中介紹了六種行業，可見作者說限於時間，的確不是欺人之談，希望作者將來能再寫續編，使研究舊上海社會史的人有更充足的參考資料。

另外殷登國先生「三百六十行」（聯經出版公司刊本上、中、下三冊），是用考證方式寫的，他是台大歷史研究所的碩士，受過正規訓練，因此他的作品考證詳密，寫作態度嚴謹，是一部值得一讀的好書。

綜合三種不同方式寫成的「三百六十行」卻有一個共同情況就是每本書所記述的行業多寡不同，夏君和殷君的兩部書所記行業都不滿三百六十行，齊老先生所記的行業共有七百多個，可說是同類著作中最詳備的了。由齊老的書裡看到許多已然衰微或消失的行業，憑藉他的紀錄才使我們對這些已然消失的行業有正確的認識，否則單看一個古老行業的名稱，只能望文生義去猜謎而已，想再進一步去研究，那就難了。

另外還有一部值得介紹的書就是邱秀文女士所寫的「即將消失的行業」（時報出版公司出版），她把親自採訪台灣一些即將消失的行業所寫的報導紀錄編輯成書，由於她的紀錄提供了四十年來台灣社會和工商業變化的史料，對於研究這個問題的人有很大的貢獻。

這幾部書作者都談到「三百六十行」這問題，大家公認「三百六十行」是綜合的成數和名詞，實際上當然不可能只有三百六十行；不過由前人所寫的書裡，我們可以看出下列幾個史實：

一、自古到今，分工越來越細密，因此行業越來越多。

二、時代不停的改變，工藝技術也是日新月異，許多古老的技術由衰微、沒落，最後被淘汰了，新興的技藝同時也加多了。

三、時代不同，社會情況也跟著起了變化，生產消費的方式和前人有了很大差異，因此商業經營方式也改變了。

四、由於地區性的差異，才產生了地區性特有行業，這些特有行業根本不能遷移到其他的地方，俗語說：「靠山的吃山，靠水的吃水」，講的就是地區性特有的行業。

其實前人有幾部專記行業的作品，書名雖不是「三百六十行」，內容講的卻是清代北京的各行業例如「一歲貨聲」和「負販瑣記」都是很好的史料，我們若想研究我國宋元以來的行業消長情況，寫一部專門著作，眞是大有可爲，若能發大願力完成之，斯足以不朽矣。

孫春陽

從前在北平要買龍眼荔枝這類南方乾果（北方只有乾的，來臺灣以前我從沒看過新鮮的），只有到稻香村、桂香村、森春陽這幾家南貨鋪去買，別的店裡是找不到的。習慣上管這類的店叫「南貨鋪」，實在要照他們所賣的貨物來看，應該叫「南北雜貨鋪」才對，您在他們的店裡可以買到金華火腿、雪白官燕、營盤口蘑；也可以買到筍尖、玉蘭片、黑芝麻：以及杭州紙傘、廣東葵扇、大宏益錫箔。可以說集南北土產之大成，大約叫得出名兒來的日用雜貨都可以在那兒「掏換」得到。

古城經營南貨店的人多半是江浙人，流寓古城的南方人來到店裡，買些自己熟習的土物，再聽到入耳親切的鄉音，就是輕輕挨上一竹槓也是心甘情願的；本地的顧客更不知道東西在原產地的價格是貴是賤，既要買也就不在乎貴了。所以北平幾個出名的南貨店規模都很大，生意都很好。

我們都知道蘇州有個采芝齋，他們的玫瑰瓜子、松子糖全國知名，用稻香村、桂香村作店名，和采芝齋這個店名類似，倒也沒什麼稀奇，只是森春陽這店名有些怪，除了日本人，百家姓裡沒有姓森的呀。後來我請問祥珍三嫂（她是道地蘇州姑娘），才知道蘇州有個最大的南貨店孫春陽，歷史之久和北平西鶴年堂一樣，都是從明代開業直到如今，已有四、五百年的歷史，北平森春陽不過是借人家的名兒，就像汪麻子一樣，看名字就知道不是眞正老王麻子。

及至我讀了很多淸人記江南風土的書，看到孫春陽的名字兩三次在不同的書中出現（余懷的板橋雜記，趙吉士的寄園寄所寄和錢的履園雜記），根據三書的記載，我才知道孫春陽是個規模極大，組織嚴密，管理得宜的大商店和創業的孫春陽本人的出身。

孫春陽是寧波人，明萬曆年間他才十八八歲最初也是想讀書將來中舉中進士，好去做官。不幸考了幾次，他沒考中，連個「秀才」都沒摸到，於是他決心不再去考，改行做生意。俗語說「上有天堂下有蘇杭」蘇杭最繁華，他就來到蘇州謀發展，先開了一個小雜貨店在吳趨坊北口：暫時餬口，誰想由於他經營得法，生意越做越大，爲了擴充門市，就在蘇州最熱鬧的皐橋西建了一座最大的店面。

他按照從前州縣衙門六科房的制度，把自己的店也分成六個部門。

一、南北貨房：專賣南北雜貨。

二、海貨房：閩廣海產。

三、醃臘房：自製醃臘鹵味。

四、醬貨房：糟醬小菜腐乳。

五、蜜餞房：糖食蜜餞點心之類。

六、蠟燭房：孫春陽製的「椽燭」是出名的，板橋雜記講南京秦淮河一帶豔窟都用他的椽燭。

這六個部門除了南北貨，海貨係由產地販來再賣，其他四部門的貨都是「本號自製」，有四個加工廠精心製造，供應門市出售，他們的蜜餞糖食就是宮廷裡也派人來採買，可見他們的生意有多麼大，多麼出名了。

這樣龐大的食品公司如果經營管理沒有良好的辦法那是不行的，他們店裡售貨發貨有很完善的制度，主顧交錢給櫃上，櫃上就簽發一張提貨單給店員，由店員到各房提貨，各房憑單發貨，包紮好，由經手店員交給主顧，再把提貨單交回去，他們根據貨單每天結一次帳，核對出入貨和款子數量是不是相符，一年一次總結，店裡規矩非常嚴，各房選用材料都要最好的，成品當然也是最好的，所以孫春陽的聲譽名傳四方，歷久不衰，由明到清四五百年間一直是由孫氏子孫經營，沒有出頂給別人，到民國以來還有許多人冒用孫春陽字號到全國各大都市開業，可是它就像北平眞正老王麻子一樣，儘管有許多冒牌，卻仍然屹立不搖，他們的成功豈是偶然的！

同行是寃家

在鉛筆、鋼筆、原子筆問世之前，中國人用的是湖筆，徽墨和宣紙，那時候不論是小學生「描紅」，或是大畫家揮毫，都要先磨墨再動筆——在硯臺裡倒些淸水，手裡握着一錠墨在硯臺上不急不徐的磨着，磨得硯臺裡裝滿濃淡適中的墨汁，才能醮筆去寫；不過同是一錠墨，其精粗好壞卻是大不相同，眞是三六九等，最好的墨跟金子一樣値錢，最次的墨幾個銅錢就買一錠。

爲什麼墨的價錢有那麼大的差別？主要是製墨的原料，製墨原料第一是「煙」——有用桐油燒的，有用松木燒的甚至還有用蘇合香油燒的（相傳宋徽宗宮中御製墨就是用蘇合香油製煙），第二是膠，第三是香料；用的原料不同，墨的價錢也因此不同，此外製法和製墨的配方那是製墨業者的機密——就像現代工業一樣（比如可口可樂到底是幾種原料製成的，仍是個謎）盜取配方是現代工業戰爭的重要手法之一，設法運用人事關係打擊對方。使自己產品暢銷，獨佔市場，這也是現代工業界的常事，不足爲奇，可是同樣的行動發生在六百多年前的明中晚葉歙州兩大製墨業鉅子方于魯和程君房之間，就値得注意了。

他們倆爲了爭名氣，爲了獨佔市場，不惜用盡一切手段，要壓倒對方，運用金錢攻勢，實行官商勾結，甚至交通宦官，託他們把自己製品直接進呈御前，甚至心毒手辣入人於罪，非把對方置之死地不肯甘心，這其間的是非恩怨，明末幾位作家的書裡或多或少都有記載，只是有向燈的也有向火的不能夠持平，到今天一切都成了歷史陳跡，讓我們後代人談談這件公案，倒也是中國工業史上值得注意的一頁。

歙州所以成爲墨的最大產地有兩個因素：第一、安徽省山多田少，林產爲主黃山多松，正是製墨的最好原料；第二、是五代製墨石家奚延珪由易水來到歙州落戶定居，他的製墨技術就在這裡傳播開來，因此歙州人製墨有其歷史的淵源，直到西方書寫工具傳來，毛筆字沒落，製墨業才衰落下來。

方于魯和程君房結仇事件發生在明神宗萬曆年間，謝肇淛的「五雜俎」，沈德符的「野獲編」，姜詔書「韻石齋筆談」這三部書都談過這件事，由此可見方程結仇的事在當時必是非常轟動的，直到清紀昀編「四庫總目提要」在譜錄類存目著錄方于魯的「墨譜」和程君房的「墨苑」曾清楚的講到兩人結怨的經過：

方于魯和程君房都是歙縣人，方于魯年輕時候曾在程君房那裡作過學徒，學習製墨方法，後來就離開程家，自己設廠製墨，爲了爭生意彼此已然鬧得不愉快了，又爲了方于魯謂娶程君房下堂妾的事越發火上燒油，原來方于魯住在程家的時候就見過程君房這位年輕貌美的小太太，後來，她被程君房兇妒的大太太趕出來，方于魯知道這消息，立即託媒說合，要娶她回來，事情還沒成功，就被程君房告到官府，從此兩家成仇；後來程君房被一件人命案牽連入獄，據傳說是方于魯教唆把程君房牽連進去，竟自不明不白的死在監獄裡，至於方程兩家的仇恨何時解除？我還沒有找到什麼材料，只好存而不論了。

至於這件事所以鬧得如火如荼，朝野皆知，是受明末社會風氣影響，明末社會風氣尚誇張好標榜，更喜歡爭意氣，爲了出名，就不擇手段去打擊對方，不用說方于魯和程君房這兩個唯利是圖的生意人，就是東林諸君子讀聖賢書，動機何嘗不是爲了憂國憂民，才挺身而出和腐敗的官僚殘暴的宦官作生死搏鬥，鬧到後來變成黨同伐異的意氣之爭，完全忘了挽救危亡的大目標，才使流寇猖獗滿州人坐大，最後終於覆亡。

說起來方于魯是一個最能揣摩風氣的投機分子，他先走當時山人的路線，附庸風雅加入「豐干社」，很得到汪道昆的賞識，他也出了一部詩集——「佳日樓集」，並且和汪道昆結爲兒女親家，後來改行製墨，他製的墨暢銷全國，大家公認他的製品比程君房的墨要好得多，謝肇淛和沈德符都講到他：

「國朝方正、羅小華、郡格之皆擅名一時，近代方于魯始臻其妙，其三十前所作「九玄三極」前無古人，最後程君房與爲仇敵，製「玄元靈氣」以壓之，二家各爭其價，紛拏不定，然君房大駔亡命，不齒倫輩，故士論迄歸方焉」——謝肇淛五雜俎卷十二「方于魯有墨譜，其紋式精巧，細入毫髮，一時傳翫，紙爲涌貴，程君房作墨苑以勝之，其繪末中山狼傳以詆方之負義，蓋方微時曾受造墨於程，迨其後也有出藍之譽而君房坐殺人，擬大辟，疑方所

爲，故恨之入骨，二家各求海內詞林搢紳爲了游揚，軒輊不一，然論墨品人品，恐程終不勝方耳。」——同前，

沈德符「野獲編」卷二十六：「……新安人例工製墨，于方魯名最著，汪太涵司馬與之連姻，獎飾稍過，名振宇內，所刻墨譜窮極工巧，而同里程君房出，幾超而上之，兩人貿首深讎，程墨嘗介內臣進之今上，方愈妒恨，程以不良死，則方力也，程亦刻墨苑，鬥奇角異，似又勝方，眞墨妖亦墨兵矣」。

由謝肇淛，沈德符的三段紀錄看來，謝氏顯然偏袒方于魯，他公然說程君房是「大駔亡命不齒倫輩」，又說：「然論墨品人品恐程終不勝方耳」；沈德符的態度就客觀多了，由他的話裡可以看出方于魯非常善於走聲氣拉關係，他和汪道洵家結親，就是要藉他提高身份，光是作生意有錢，還不能躋身於當時的上流社會，於是他才加入「豐干社」作詩，由詞的介紹和汪道洵漸漸搞上關係，由這些行動看來方于魯這個人眞是聰明有頭腦，他如果生在現代，相信他仍然是一個工商界極爲活躍的人物，因爲他具備了企業家必備的條件。

至於「墨譜」和「墨苑」這兩部書在當時人看來，自是覺得新奇，在我們現代人看來，這不就是兩家的產品目錄嗎？先是外國各大百貨公司出版彩色印刷的郵購目錄，每部都是厚厚的一大本，裡面全是彩色的貨品照像，下列價目，看來眞是誘人，後來我們的廠家爲了進展外銷，也急起直追印了許多彩色商品圖錄寄到國外。因爲見得多了，也就不足爲奇了。可是他們兩部書是在六、七百年前出的，當時人當然會覺得新奇的。

據四庫全書總目提要譜錄類存目中著錄了兩部書，並有簡單的評介：

「程氏墨苑十二卷：明程君房撰：是編以所製諸墨摹畫成圖，分爲六類曰元工，曰輿地，曰人官，曰物華，曰儒箴，曰緇黃，每類各分上下二卷，雕鏤題識隙爲精巧……」

「方代墨譜六卷：明方于魯撰：此編首列同時諸人投贈之作，下分國寶，國華，博古，博物，法寶，鴻寶六類，上自符璽圭璧，下至雜佩，凡三百八十五式，摹繪精細，各繫題，亦備眞草隸篆之文，頗爲工巧……」

從上面兩段記述看來，這兩部書的確是很完美的商品介紹，可說發揮了商品宣傳的最大能力，能夠吸引顧客。但是墨的好壞，並不是由外形可以判斷的，主要的是它的品質成分，製墨模子再漂亮，壓製出來的成品再精美，如果品質成分平常，只是外表精美，那只能作玩物而已。從前北平老家裡收藏了幾盒清乾隆年間的耕織圖墨，一盒四塊，四塊合起來是一幅耕織圖，上端有乾隆御筆耕織圖詩，面上的人物栩栩如生，這樣精美的墨誰也捨不得用，只是放在那兒當擺設看。以此例彼，當時方程兩家所製的墨外表一定非常精美，雙方都靠漂亮的外表來吸引顧客成爲當時流行於紳士之間的暢銷品，這不和現代工商業一樣首先要有最好的包裝嗎？

墨譜，墨苑這兩部書板刻精美是很出名的，謝肇淛五雜俎卷十三曾談到明人刻書的事情，他說：「今杭刻不足稱矣，金陵、新安，吳興三地剞劂之精者不下宋板，……至於水滸、西廂、琵琶及墨譜、墨苑等書反覃精聚神，窮極要眇，以天巧人工，徒爲耳目之玩，亦可惜也」，由謝氏這段話來看，方于魯、程君房當時爲了彼此爭勝，才不惜工本，編印出這兩部書來，在當時就被學士文人當作欣賞的清玩，由董其昌筠軒清閟錄：「于魯墨不及小華（羅小華），所刻譜頗奇絕，堪供燕閒清賞！」這段話看墨譜板刻之精可以想見。

至於製墨技術乃是專門之學，我不敢隨便亂講。方以智「物理小識」和劉侗「帝京景物略」都有詳密的研究可供參考，我之所以對方程之爭這件事感到有興趣，是由於這幾年看了些部明末人的筆記，由這些部筆記看出明中晚葉工商業已然發展到和近代企業有不少近似的情況（比如蘇州孫春陽老店分六房的管理經營制度，泰安州旅館業聯鎖經營情形）是值得研究的課題的緣故。

走上民俗史研究的這條路

從目錄學開始

抗戰前，一般讀歷史系的學生讀到二、三年級時候，就該對自己此後研究方向作個審愼的選擇，不論斷代史、分類史或史學理論等等，總要選擇一門自己喜愛的，也準備一直研究下去的科目，作爲終身努力的目標。大多數人都不願繳了論文，通過畢業考試，就跟書本告別不再碰它。

我的畢業論文題還是「後漢書章懷太子註引書考」，是目錄學方面的研究，指導教授是蕭仲圭（蕭璋）先生，他是我的目錄學老師，由於他嚴格的教導，才使我耐心點讀過整部「四庫全書總目提要」，打下堅實的基礎，對我一生所作的研究工作有莫大的助益，因此對蕭老師的教導終身難忘！

我的論文題目是自己決定的，決定寫這個題目的動機純是由於少年人的狂妄和傲氣，越是枯燥繁瑣、不易討好的題目我越要做！看看自己能不能把這篇論文寫成，於是我在國立北平圖書館的專用小閱覽室裡埋頭苦幹了一年多，才把論文寫好交了卷，在這段日子裡翻遍了許多有名的目錄學典籍，使我對古籍辨僞和古籍輯佚各方面都有更清楚的認識，如果當年順此路線發展下去，我很可能成爲目錄學家，遺憾的是我畢業不久就是七七事變，北平淪陷，蕭老師全家南下，從此再也沒人指導我，研究目錄學的路就此中斷，再經過幾次播遷，連我的畢業論文稿也散佚了，回想起來自己那篇精心之作竟然片紙不存，眞是痛心之至！

當年寫和目錄學有關的畢業論文，可說是由於逞强好勝，也是對自己的磨練和考驗，論文交了，我也得到一份很大的成就感，時事所迫，既不能向這條路走，只好另尋途徑，於是我才專心去作民俗史研究。

父親的影響

決定走社會史民俗史這條路在我個人來說，也是經過仔細考慮才決定的，並非由於一陣心血來潮。因爲我自己有許多缺欠，根本沒資格作斷代史研究：第一，文字學沒學好，對上古史有關史料的甲骨文、鐘鼎文根本是「文盲」，還談什麼研究。第二，我的外國語文能力很差，英文沒讀好，何況其他語文？若是研究近代史，尤其是晚清，不能閱讀國外的史籍，再用功也只是單方面的努力，不會有多大的成績。第三，想研究元史或淸代開國史，自己也沒學過蒙古文或滿文，就是學上一兩年也未必能夠直接閱讀原文史料，看來仍是「此路不通」的。

經過再三考慮、分析，我認爲自己若研究民俗史，已然具備了幾個有利條件：第一，從十二三歲起，我除了讀正課，課餘的消遣就是看小說，小說裡蘊藏了豐富的民俗史料，從章回小說到筆記小說，自己也不記得看過多少部了，最初只覺得看小說大大加強了我的閱讀能力，尤其是文言文寫的筆記小說，使我閱讀古籍並不感到艱深，對我日後的研究工作有莫大的助益。更因年輕時候記性好，讀過的書多少總會留下一些印象，小說既是自己喜愛的，留下的印象就更清楚更深刻，後來再運用小說裡的資料時，隨手就可找到，眞是方便極了。第二，除了小說，自幼我就喜歡看雜書，家中藏書豐富，除了正經正史、詩文古籍，我不敢碰（那些書都是好版本，父親十分珍愛，我們兄弟不敢亂動），其他的書可以任我們去翻閱，「玉匣記」、「萬事不求人」，有圖的「太上感應篇」，原版的「點石齋畫報」等等都被我翻閱過，因此對許多古老的習俗和事物，早就懂得一些皮毛，再進一步去作研究，不會感到完全陌生，比起一無所知的「生手」，就方便多了。第三、當年父親在北平文化界以熟習掌故知名，許多青年後進都向他請益，中研院北平研究所的常惠和張江裁兩先生在編「北平風俗類徵」和「北平歲時志」時，都曾向父親請教過，父親也爲張江裁編的「北平歲時志」寫過序，影響所及，我自然就走上研讀風土類書籍的路。

那時候，國內民俗學的研究才剛剛起步，北京大學的歌謠學會成立，顧頡剛先生等正鄭重其事的去作北平妙峰山進香調查研究，風氣一開，許多人都走上這條路，就連老派學者尙秉和先生（河北行唐人，字節之，父親的老友）也寫成他那部傳世之作的「歷代社會狀況史」（初印粉紙本是自己出貲刊印的，只分送朋友，不出售，現在商務本大約是他的學生梁容若替他在臺北再版的），何況這門新興的學問領域廣闊，只要能夠耐心耕耘，必然會有很大的收穫，因此我就選擇了這條路，轉眼就是四十多年過去，個人雖沒有多大的成就，至少由於專心研究，精神集中，從沒有爲外在干擾而失去心境的平靜，這可說是在學問以外的最大收穫！

日本學者帶來的震撼與反省

回想我走上民俗研究這條路，除了上述的因素，另外有一個更大、更重要的誘因，那就是日本學者研究中國風俗的成就，給我帶來莫大的震撼！九一八事變以後，華北情勢一天比一天危急，國立北平圖書館就在此時特別開闢了一間東北研究室，某一天我走進去想看個究竟，沒想到一進門，看到架上陳列的書刊，就使我膽戰心寒，楞在那裡，好半天心情才平靜下來，再動手去翻閱，原來這間研究室裡有關東北的中文資料非常少，而且多是過時的，其次是俄文的，數量也不算多；其中數量最多的就是日文書，包含門類之廣更是令人吃驚，從地質、森林、天然資源到人文史地無一不備，有精密的統計數字、有深入的調查報告和實地攝影紀錄，而且那些作者都是日本學術界知名之士，其他方面的我不懂不能評其深淺，但其中有一本關於東北各地歌謠的書，書中收集的歌謠非常豐富，還有詳細的分析研究，令人驚訝的是他們對我們東北的民情風俗有如此深入的了解，可見日本人謀我的野心，竟是這樣深這樣久，他們舉國一致、全體動員、合而謀我，我們對自己國土的了解，居然沒有他們那樣清楚，東北淪亡，也就不該怨天尤人了！這個刺激使我覺得中國人更該努力研究自己的風土民情，不該讓敵人了解你，比你自己還深入還清楚！

民國卅年春，我在參加了傅芸子、傅惜華兩兄弟領導的北平東嶽廟調查小組，這是我第一次實地作民間信仰調查，因此小心從事，不敢馬虎，先在家裡翻閱「光緒順天府志」和「燕都叢考」，心裡對東嶽廟已經有了初步的認識，調查工作是從農曆三月初一開始，初一東嶽廟開廟，直到三月廿八日東嶽大帝誕辰為止，這是廟裡一年一度的香火季，所有「善會」都在這段日子裡舉行，三月二十八日一過，就關閉廟門不許人們進廟，每月只有初一、十五兩天照例開放，讓信徒們前來燒香。

北平東嶽廟創建於元代，清康熙時重修，元明以來道錄司道官駐此廟中，是古城有名的「官廟」之一，地點在北平朝陽門外神路街，建築宏偉，面積很大，我們到廟裡參觀調查，廟裡的主持告訴我們，廟裡有兩個地方謝絕參觀，一是道眾們清修的齋舍，另一部分是代客停靈的院落，我們能夠自由行動的地方不過是廟裡的大部分，可是殿宇眾多，碑碣林立，一一參觀作紀錄，也費了好幾天的工夫，等到調查工作全部完成之後，我回到家裡整理所得的資料，又到北平圖書館參閱日人小柳司氣太所寫的「白雲觀志」，才寫成一部大約三四萬字的北平東嶽廟調查記；後來又利用在廟裡得到有關行會祭祖師的資料，再找到許多相關書籍，寫成一部「行神研究」，這兩部小書乃是我研究民俗最早期的著作，都是用文言文寫的，在北平一直沒機會出版，可是這兩部稿子一直帶在身邊，它們陪伴我逃難流亡，直到來到臺灣定居下來，終於有機會刊行問世，算來比我的畢業論文，可說是幸運的了。

古往今來話風物

初到臺灣，自民國三十九年起在花蓮住了六年，那時候兩個孩子小，需要隨時照顧，上完了課，還有成堆的作文本、考卷要改，家裡的佣人是上班制，每天晚飯後洗完碗筷，她就走了，晚飯後我就要陪小孩，直到他們睡了，我才能動手改本子，因此我的研究工作只好暫時停頓下來，這六年裡我只寫了四五十篇散文，其中二十多篇乃是應花蓮中學周封岐校長之請，為校中開播的「青年講座」而寫的講演稿，後來收集起來，編成一部「老馬集」，民國五一年三月在臺北刊印，這是我第一本出版的作品，卻不是我第一部著作。

那時候各省來臺的文人墨客，由於懷念故鄉，紛紛動筆寫了許多描繪各地風土習俗的文章，各省同鄉會也編輯各省文獻期刊，一時蔚為風尚，影響所及，我也寫了好多篇有關北平風物的文章，可是一直沒有在報刊上發表，直到民國四十六年春天我來到臺北，在師大附中教書，我寫的有關北平風土的文章才有機會在大華晚報「鄉情版」陸續刊出，及至手邊存稿登完了，主編劉震慰先生就要求我繼續寫下去，後來就把這一系列的稿子結集成書，命名為「故都憶往」，民國六十四年由學生書局印行。

由於在「鄉情版」上寫稿，因此結識了許多位同鄉好友，像夏元瑜先生、唐魯孫先生、孫家驥先生、莊嚴先生、包輯庭先生，還有先父的老學生白鐵錚師哥伉儷，大家時常聚在一起談談往事、話話家常，使我增加見聞，受益不淺，後來中國時報高信疆先生特別在副刊版開拓了一個「古往今來」專欄，約在臺北熟知掌故往事的中老年作者輪流執筆，我們寫的都是一些老骨董，大家把這些位作者戲封為「八仙」，八仙之中只有我一個女生，自然順理成章就被呼作「何仙姑」了，「八仙」之中最年輕的是莊練（蘇同炳先生）。到今天人事變易，回歸道山的諸位鄉前輩都各自留下幾部作品，給年輕人參考，讓他們由這些書可以認識我們美好的傳統文物，最遺憾的是孫家驥先生已然過世多年，他的遺稿雖然由我整理完畢，卻一直沒有刊行，全部稿子由他唯一愛女孫瑋保管，固然不致散失，可是我心中一直感到一分歉意，恨自己沒有力量替他出版，其實他的才華學識造詣比我不知高了多少倍，只希望有力量的文化機構把他的遺集刊行，供給後學閱讀參考，我實不忍心看到一位沈潛學問的人一生心血之作就此埋沒消失！

師大附中圖書館

移家臺北，對我和兒女都是正確的抉擇，他們兄妹來到臺北，從國民學校到初高中，直到通過大專聯考，他們倆都按部就班的順利過關，然後受完高等教育，都沒受到什麼挫折阻礙，如今各自就業，雖不敢自誇是菁英才俊，至少也算是守原則肯上進的好青年，我這作母親的實在不敢居功，只能慶幸感激上天特別厚我！

至於我自己，進入師大附中，國文老師的工作雖然很辛苦，卻有機會飽讀附中圖書館的藏書，從前在花蓮服務，各學校的圖書室的收藏都不充實，想自己花錢買書，街上也沒有幾個書店，店裡擺的都是電影雜誌、武俠小說和一些封面花花綠綠的兒童書，看看只有空手而回了，附中到底是大學校，圖書館的藏書可算豐富，因此我依次序借閱我一直想讀在東部卻找不到的書，時間一久，只要館裡的新書編完了號，負責圖書館管理的同仁金晚成先生，就許我馬上可以借出，多謝他給我的方便，我才能運用附中的藏書和其他資料，寫成我另一部著作「中國生育禮俗考」，也由於這部書才能獲得中山學術獎助金。（書由文史哲出版社刊行）。

在附中教國文，又擔任附中青年校刊的指導老師，叫學生寫稿，老師就該以身示範先寫，但是這種刊物的對象是學生，我不能也不該寫自己專門之學的民俗史文章，於是我根據課文用欣賞和分析的方式，為好多篇課文作研討，希望同學們由此對課文有更清楚的認識，當然有時候也寫些勵志性的散文，為他們解除困惑、打氣加油，後來把這些篇文章集合起來，命名為「問耕雜文」，學校當局就用這部稿子推薦我參加國語文教師甄選，結果居然獲得中國語文金獎章，實在是很僥倖！

自民國四十六年移家臺北以來，在臺北已然住了三十年，可是我一直安心作我的「教書匠」，只想利用寒暑假期作我自己的研究，根本無心營謀，也不浪費時間去奔走，始終是追逐營求圈外的一個獨行者，雖然獨行，卻仍結識了許多位朋友，星期假日到舊書店去尋覓，也漸次累積起現在我所擁有的藏書。

十多年前因偶然的機會，我到師大國語中心兼課，指導一位美國普林斯頓大學研究生作「張居正評傳」，迫使我不得不用心研讀明史，也啓發了我對明史的興趣，從此除了民俗史，我也致力於明代風俗史、社會史研究，先後寫成幾篇有關「金瓶梅」的論文，最近我正致力於整理嚴嵩籍沒財產目錄「天水冰山錄」，所寫的文章陸續在「歷史博物館館刊」上發表，希望由這份財產目錄來研究明代工藝史、明中葉的物價等一些問題。

對臺灣民俗研究的反省

民國六十三年六月我從師大附中退休，其實還不到退休年齡，就因爲兒女都已大學畢業，我已沒有家庭負擔，退休可以完全擺脫作文本的壓力，可以全心全力作我自己的事，寫我自己的書，六十三年秋天我正式加入漢聲雜誌社工作，在退休之前我已然替他們寫文章，後來他們就約我來跟他們合作，一轉眼我和這四位年輕人在一起工作已然十四年，我非常欣賞這幾位年輕人的幹勁兒，我更欣賞他們放棄了世俗的高薪厚利，不辭辛苦爲中國文化的延續傳承而貢獻心力，經過多年的努力，漢聲同仁對社會的確有很多貢獻，間接也推動了臺灣文化界研究民俗的熱潮。民俗刊物出版、民俗活動舉行，可說是盛極一時。

不過在我仔細觀察之後我認爲目前一般人對民俗的認識仍欠明確，認爲談談各省風土習俗就是民俗研究，其實這僅是「知其然」，民俗學者還該進一步去研究「其所以然」，以及一種習俗的來龍去脈，並且能夠推測它未來的走向和可能的演變，因爲任何習俗自有其存廢的必然條件，不是一紙公文或幾個標語口號就能生效的，一般人大都認識不清，認為舉行民俗活動就是保存我國的傳統文化，甚至認為藉此就可以復興中華文化、改善社會風氣，這種看法實在是不懂歷史文化傳承的法則，錯在迷戀過去，抱殘守缺！

其實孔子早已明示我們歷史文化傳承的法則，那就是「殷因於夏禮，所損益可知也；周因於殷禮，所損益可知也，其或繼周者，雖百世可知也」，這段話已然很明白告訴我們，任何一種文化都有其根源，完全移植而來的文化固然不易存活，同時一種文化也必須隨時淘汰落伍僵化的部分，隨時吸收新成分，才能延續下去，如果不知求新求變，仍然迷戀過去的糟粕，早晚必被淘汰！

雖然幾十年來我一直埋頭研究，不問世務，可是我仍然認為民俗研究不是與社會隔絕的純學術工作，民俗學者對社會有一份責任，那就是匡正社會歪風，減少許多藉宗教信仰自由之名，大開倒車的事實，如今臺灣神壇淫祀氾濫成災，神棍乩童迷惑人心，詐財騙色，造成不良的社會風氣，大大阻礙了社會進步，因此我想重新拾起對民間信仰的研究，找出我國歷代政府對民間信仰，究竟採取什麼態度，用什麼尺度來衡量、來約束這些民間信仰的活動，使不致違反古人「神道設教」的原意，也不妨礙信仰自由的正確準則，送給有關部門去作參考，從而引導民間信仰活動走上合理的路！

近年以來，功利思想瀰漫整個社會，就連學術界也受到污染，走上急功近利的路，許多年輕人不肯沉潛去作學問，只希望快速成名，才不擇手段去替自己打知名度，這根本是本末倒置，無怪我們的人文科學沒有太多的進步，惹得吳大猷先生大為感慨，浩嘆我們學術風氣膚淺不振了，我一介布衣有何能力去改善不良風氣，只有獨善其身，貫徹始終，全力以赴的做下去而已，至於能有多少成績，那就不必計算，也無法計算，只是活一天做一天，努力盡一個讀書人的本分就是了。